À PARIS

À PARIS

Mit Jeanne Damas zu den coolsten Frauen der Stadt

Fotos von JEANNE DAMAS
Texte von LAUREN BASTIDE

KNESEBECK

Titel der Originalausgabe: *à Paris*
Erschienen bei Éditions Grasset et Fasquelle, Paris 2017

Deutsche Erstausgabe

Projektleitung: Veronika Brandt, Knesebeck Verlag
Übersetzung: Dr. Cornelia Panzacchi, Göttingen
Lektorat: Karin Weidlich, München
Umschlaggestaltung: Yannick Wolff, Knesebeck Verlag
Produktion und Herstellung: Arnold & Domnick, Leipzig
Druck: Neografia, a. s.
Printed in Slovakia

ISBN 978-3-95728-359-7

www.knesebeck-verlag.de

FSC
www.fsc.org
MIX
Papier aus verantwortungsvollen Quellen
FSC® C020353

Unserer Stadt,
in Liebe

Inhalt

Vorwort

Die Idee, durch Paris zu streifen und Pariserinnen zu porträtieren, kam uns im April 2016. Es war ein Pariser Bilderbuchfrühling, wie ihn auch schon Ella Fitzgerald und Louis Armstrong in *I Love Paris* besungen haben. Alles war aufgeboten: Die blühenden Rosskastanien, die Sonne, die sich glitzernd in der Seine spiegelte, und die in leichter Frühlingskleidung doch noch etwas fröstelnden Pariserinnen, die sich an den Tischchen des Café Aux Deux Amis in der Rue Oberkampf unterhielten. Ein typischer Pariser Frühling also, an dem doch alles anders war als sonst. Die Hauptstadt ist immer noch benommen, ja erschüttert. Sechs Monate zuvor hallten bei einer Anschlagsserie Schüsse an verschiedenen Orten der Stadt, im Stadion, in der Konzerthalle Bataclan und vor Restaurants. Es gab viele Tote und unzählige Schwerverletzte. Fröhlich feiernde junge Leute verloren von einer Sekunde auf die andere ihr Leben. Die Pariser hatten den Winter damit verbracht, das zu tun, was sie am besten können: Sie hatten getrunken, geredet und geliebt, aber doch immer mit Besorgnis im Hinterkopf, mit aufmerksamem Blick über die

Schulter. Jeder hatte auf seine Art getrauert, doch nun, als der Frühling kam, schüttelte Paris das Erlebte ab und fing von vorn an – gebeutelt, aber stolz erhobenen Hauptes. Und für all das stand die Terrasse des Cafés Aux Deux Amis an diesem Tag.

Von April bis Dezember 2016 streiften wir also durch die Stadt, begleitet von einem eigenartigen Gefühl, das weder traurig noch bitter war, sondern im Gegenteil freudig. Am liebsten hätten wir die Leute an den Cafétischchen umarmt, unsere Sitznachbarn in der Metro auf beide Wangen geküsst. Wir lieben diese Stadt abgöttisch, und seit jenem Drama noch mehr denn je. Wir lieben ihre Arroganz, ihre Direktheit, ihre Einfachheit. Vor allem aber lieben wir die Frauen, die in ihr wohnen. Aber ist Paris selbst nicht auch eine Frau?

Kehren wir auf den Vorplatz des so pariserischen Lokals zurück, wo wir ebenfalls an einem Tischchen saßen, eine Zigarette rauchend und mit einem Glas Pouilly Fumé in der Hand. Wir stellten fest, dass auch wir beide verrückterweise diesem Klischee der Pariserin entsprechen, unter anderem auch, weil wir die Kunst beherrschen, uns mit einfachen Mitteln schick zu kleiden, eine zerrissene Jeans mit einem Kaschmirpulli zu kombinieren, einen Trenchcoat über einem leichten Kleid zu tragen, die Blazerärmel aufzukrempeln, in ausgetretenen Ballerinas tanzen zu gehen … Eben all das, was den besonderen Charme der legendären Pariserin ausmacht und schon allgemein und bisweilen meisterhaft beschrieben wurde. Bereits andere vor uns erforschten ihre graziöse Unverschämtheit, ihre Spottlust, ihre Launen, ihre Dreistigkeit, abseits vom Zebrastreifen die Straße zu überqueren und dem Autofahrer, der unweigerlich hupt, den Mittelfinger zu zeigen, ihre Fähigkeit, ein Telefonat, auf das sie seit ewigen Zeiten wartet, nicht anzunehmen. Kurzum, ihre Lässigkeit!

Wir finden es übrigens witzig, dass wir auch an uns selbst die Wesenszüge dieser modernen Heldin feststellen. Allerdings ist uns auch klar, dass die Pariserin nicht jene Traumfrau sein konnte, wie uns manchmal dargestellt wurde. Sie ist nicht nur das leicht überdrehte Mädchen mit herrlich exzentrischem Look. Nein, sie ist viel mehr! Wir kennen jede

Menge Pariserinnen, so sagten wir uns, an jenem Tag. Die Pariserin, die in Aubervilliers ein Start-up gegründet hat, die Pariserin, die in der Nähe der Bastille drei Kinder großzieht, die Pariserin, die auf der Place de la République die Faust erhebt, die Pariserin, die in der Nähe der Place d'Italie Hip Hop tanzt, die, die in Belleville Keramiken kreiert, die, die in der Rue du Paradis ein Restaurant eröffnet hat, die, die in der Nähe des Jardin du Luxembourg Filme dreht … Und wenn wir ehrlich sind, kennen wir keine einzige Pariserin, die mit ihrer Katze am Boulevard Saint-Germain lebt und ihre Zeit damit verbringt, auf einem Chesterfield-Sofa in dem Kurzgeschichtenband von Simone de Beauvoir zu blättern.

Es liegt uns fern, eine Bildkorrektur vorzunehmen oder die Existenz dieser Archetypin, die sich »Pariserin« nennt, leugnen zu wollen. Die Pariserin existiert, das ist eine unumstößliche Tatsache, und bei den Recherchen für dieses Buch sind wir ihr zwanzig Mal begegnet. Doch der gemeinsame Nenner all dieser Frauen war unserer Ansicht nach weniger eine bestimmte Weise, sich zu kleiden oder zu sprechen, als vielmehr die Art, in dieser Stadt zu leben.

Für dieses Buch wollten wir echte Pariserinnen aus Fleisch und Blut kennenlernen, Frauen mit unterschiedlichen Werdegängen und persönlichen Backgrounds, um aus dieser Facettenvielfalt ein impressionistisches Porträt der Pariserin zu komponieren. Unser Ziel war es nicht, einen Mythos zu widerlegen, sondern ihm neues Leben einzuhauchen, indem wir zwanzig Frauen über ihr Leben in dieser Stadt und ihre Beziehung zu Paris befragten.

Jeanne ist im 11. Arrondissement geboren und aufgewachsen, in dem sie auch heute noch am Square Gardette wohnt. In erster Linie definiert sie sich als die Tochter des im ganzen Viertel bekannten Gastronomen, der lange Zeit ein berühmtes Restaurant am Square Trousseau führte. Sie geht jeden Samstag mit ihrem Einkaufskorb am Markt der Place d'Aligre einkaufen und stöbert sonntags auf dem Flohmarkt nach Keramikvasen, die sie mit Feldblumensträußen füllt. Ich wiederum, Lauren, die die Texte für das Buch verfasst, habe gerade mein »Zwölfjähriges«

im 9. Arrondissement gefeiert. Ich schiebe einen dieser hochmodernen Kinderwagen die Rue des Martyrs entlang, kaufe jedes Wochenende kiloweise linkslastige Zeitungen und esse in Biokantinen gesunde Salate. Was uns zu Pariserinnen macht, ist vor allem genau das – unsere Art, wie wir in unserer Stadt wohnen und uns an sie binden, der Alltag, den wir uns hier aufbauen. Dies war auch die Idee, die eines Aprilabends im Café Aux Deux Amis aufkam, und die wir auf pariserischste Art und Weise umzusetzen beschlossen: Indem wir in ganz Paris unterwegs waren.

Mit unseren Notizbüchlein gewappnet und der umgehängten Olympus zogen wir also los, um Pariserinnen zu suchen. Wir wählten sie intuitiv und ganz ohne Kalkül aus. Die eine fanden wir auf Instagram, die andere an einem Tresen bei einem Glas Wein. Wir hörten uns in unserem Freundinnen-Netzwerk um, befragten Mütter und Großmütter unserer Freundinnen, Frauen, die wir bewunderten. Zu keinem Zeitpunkt war es unsere Absicht, einen umfassenden Überblick zu bieten, und wir sind ja auch keine Anthropologinnen oder Soziologinnen. Alle hier porträtierten Frauen sind, ebenso wie wir beide, in der Welt der Mode und Medien, der Kultur und der Kunst aktiv. Sie sind einfach nur *unsere* Pariserinnen, einfach nur Frauen, die wir in den neun Monaten unserer Erkundung antrafen.

Bei jeder Begegnung stießen wir auf jede Menge Altvertrautes und auch Überraschendes. Diese Frauen halfen uns zu begreifen, was die Besonderheit des Lebens der Frauen in Paris ausmacht, und haben uns größtenteils zu den Tipps und Empfehlungen inspiriert, die unsere Porträts ergänzen. Sie widerlegten zum Teil unsere Gewissheiten und bestätigten unsere Annahmen. Diese Frauen leben auf einem Hausboot, in einem Mansardenzimmer, im 14. Stock eines Hochhausturms oder versteckt in einem kleinen Hinterhof. Sie kommen aus den unterschiedlichsten Branchen, Gesellschaftsschichten und Kulturen, doch eins ist ihnen gemeinsam: der Mut, sie selbst zu sein. Wir haben diese Frauen ausgesucht, weil sie alle über das gewisse Etwas verfügen, über das, was bei einem It-Girl das »It« sein könnte. Nicht zu vergessen die ein oder andere kultivierte Madame, die unsere Galerie vervollständigt. Sie alle haben uns in ihr Leben eingeladen und sind mit uns durch ihr Viertel gebummelt, und immer wieder hat sich herausgestellt, dass die Frauen von Paris durch und durch mit ihrer Stadt verwoben sind. Nach all unseren Streifzügen haben wir gemerkt, dass wir nicht nur sie, sondern auch ihre Stadt porträtiert haben. Was im Grunde nicht weiter erstaunlich ist, denn die einzig wahre Pariserin ist Paris selbst.

Lauren Bastide und Jeanne Damas,
Paris, 30. Mai 2017

Rue de Lappe *mit* Amélie Pichard

Ein Hinterhof mit Bäumen
Zwei Katzen
Pamela Anderson
Eine Handvoll Chiasamen

Die Mehrheit der Pariserinnen und ein Großteil der Fashionistas kennen Amélie Pichard spätestens seit der 2010 erfolgten Gründung der Marke, die ihren Namen trägt. Diesen Ruhm verdankt sie nicht zuletzt ihren rosa Lammfell-Pumps, aber auch den zusammen mit Pamela Anderson kreierten Glitzerfransen-Mules und ihren Werbeplakaten, auf denen rothaarige Pin-up-Girls in Latzhosen über Feldwege dahinschlendern. Alles, was sie produziert, sieht nach Amélie Pichard aus, und deswegen waren wir gespannt darauf, ihre Wohnung besichtigen zu dürfen. So kam es, dass wir an einem Junimorgen eines der charakteristischsten Viertel von Paris aufsuchten: Ein Labyrinth gepflasterter Gässchen rings um die Place de la Bastille, Wohnhochhäuser mit endlosen Treppen. Wir steigen die Treppe bis in den dritten Stock hinauf, in dem sie uns im Eingang ihrer Wohnung empfängt, mit wallender roter Lockenpracht, in einem Vintage-T-Shirt und einer engen 501-Levi's-Jeans: Amélie Pichard, wie sie leibt und lebt.

Eine sehr pariserische Kunst besteht darin, durch Kleidung und Einrichtungsstil seine Vorlieben und Welten kompromisslos zum

Ausdruck zu bringen. Wobei das Wort »Einrichtungsstil« keinen Eindruck von der Energie zu vermitteln vermag, die viele Pariserinnen entwickeln, um ihr Zuhause in einen gemütlichen und originellen Kokon zu verwandeln, den sie nur ungern für längere Zeit verlassen. Auch auf diesem Gebiet ist Amélie eine wahre Königin. Wir könnten sie treffend porträtieren, ohne ihr auch nur eine einzige Frage zu stellen, indem wir einfach nur aufmerksam ihre Wohnung mustern. Im Wohnzimmer häufen sich Objekte, die den USA der 1960er-Jahre entstammen, ihrer wichtigsten Inspirationsquelle. An der Wand neben dem Eingang lehnt eine sehr alt anmutende Beinprothese, ein Relikt aus jener Zeit, als sie bei einem Orthopäden des Viertels Ledru-Rollin im 12. Arrondissement das Schuhmacher-Handwerk erlernte.

Außerdem beherrscht Amélie Pichard auch die Kunst, Besucher auf schlichte, aber herzliche Weise zu empfangen, und das schon um 10 Uhr morgens. Wenige Minuten, nachdem wir ihre Türschwelle übertreten haben, sitzen wir schon barfuß auf ihrer Samtcouch und zwei große Perserkatzen wärmen uns die Waden. Zu dem kleinen Reich, über das die Modeschöpferin heiter und gelassen herrscht, gehört auch der gepflasterte, moosbewachsene Hinterhof des Gebäudes: »Ich habe dort kürzlich ein Gemüsebeet angelegt, in das ich Tomaten, Kräuter und Erdbeeren gepflanzt habe. Und demnächst baue ich mir einen Kompostbehälter«, verkündet sie stolz. »Vor zehn Jahren lebten ein Ziegenbock und eine Henne in dem Hof.« Das kleine Haus, das den Hofraum rückwärtig begrenzt und einst der Concierge des Vorderhauses als Wohnung diente, wurde von Amélie angemietet und in ein Atelier umgewandelt. In diesem Häuschen lernte sie einige Monate später auch die Liebe ihres Lebens kennen, einen Regisseur, der ihre kleine Firma filmen wollte. »Ich bin wie ein Bär, ich bleibe am liebsten in meinem Bau, die Dinge kommen zu mir«, vertraut sie uns an.

Dass die Dinge zu ihr kommen, liegt aber auch daran, dass Amélie ihr Leben so organisiert hat, dass sie alles in der näheren Umgebung ihrer Wohnung erledigen kann. Auch ihre erste Boutique ist in der Rue Lappe. Bevor sie vor einigen Jahren das rückwärtige Häuschen übernehmen konnte, diente ein Teil ihrer Wohnung als Atelier. Der Raum, in dem sie früher ihre Schuhe entwarf, ist auch weiterhin ihr Büro und ihre Ideenschmiede. Auf den Moodboards entdecken wir zwischen Fotos von David Lynch, Guy Bourdin und Porträts von Betty Page die Prototypen ihrer kommenden Kollektion. Die gelernte Modedesignerin fand mit der Zeit heraus, dass sie eigentlich am liebsten Objekte entwirft, eine Tätigkeit, die sie als »viriler« empfindet. Gegen den Strom der Fast-Fashion schwimmend gelang es ihr außerdem, eine sehr pariserische Form des Modeschöpferinnendaseins zu entwickeln.

FORME
Julia
Roberts

Lächelnd und ketterauchend plaudert sie aus dem Nähkästchen. Wie ein Großteil der Pariserinnen wuchs sie in der Provinz auf, genauer gesagt in Chartres. Sämtliche (in Frankreich) schulfreie Mittwoche und Ferien verbrachte sie auf dem Bauernhof ihres Vaters, der starb, als sie noch ein Kind war. Sie hasste die Schule und kritzelte die Heftränder mit Frauensilhouetten voll. Mit 14 wurde sie zu einer glühenden Verehrerin von Ophélie Winter und Pamela Anderson (mit der sie viele Jahre später gemeinsam ihre berühmte Kollektion veganer Schuhe produzierte). Wie viele andere verfiel auch sie den Irrtümern der Pubertät, was sich u.a. darin äußerte, dass sie sich die Haare platinblond färbte und sie hinterher sehr kurz abschneiden lassen musste, um die wütende Mutter wieder zu besänftigen. »Das Gefühl, glücklich zu sein, hatte ich erst mit 20 Jahren, als ich nach Paris gekommen war«, erklärt sie.

Als wir sie auffordern, uns das zu übergeben, was jede Pariserin als ihren kostbarsten Schatz betrachtet, nämlich ihr Adressbüchlein, erwidert sie, dass sie niemals ihr Stadtrevier verlässt, ein klar definiertes Gebiet zwischen der Bastille, der Rue de la Charonne und dem Boulevard Ledru-Rollin. Hier befindet sich das Café, in dem sie jeden Morgen nach dem Frühstück zu Hause (Haferporridge mit Mandelmilch, Kiwis, Bananen und Chiasamen) ihren *café noir* schlürft, sowie der Blumenhändler, die Papeterie und der Zeitungskiosk, bei denen sie Stammkundin ist. »In der Hinsicht verhalte ich mich wie jemand, der auf dem Dorf lebt«, behauptet sie. Tatsächlich aber ist dies eine wirklich typisch pariserische Angewohnheit: das eigene Viertel als vollwertige Stadt ansehen und jammern, wenn man ein paar Blocks weiter gehen muss, weil die Apotheke im Viertel gerade geschlossen hat; etwas darauf halten, dass man sein Brot niemals in einer anderen Bäckerei als in der an der Ecke der eigenen Straße kauft, sämtliche Geschäfte in den umliegenden zehn Straßen aufzählen können, dies alles sind die Zugehörigkeitsmerkmale authentischer Pariser.

Abgesehen von dieser typischen Treue zum eigenen Viertel sieht sich Amélie aber auch als einen besonders sesshaften Menschen. Die Überquerung der Seine, um »ans andere Ufer« zu gelangen, kommt

schon fast einer richtigen Expedition gleich. Aber wozu sollte man das überhaupt tun? Pariser ziehen es vor, zu Hause oder bei Freunden zu feiern, im Wohnzimmer zu tanzen, zwischendurch auf dem Balkon eine Zigarette zu rauchen und sich dabei über Gott und die Welt zu unterhalten. Amélie lädt am liebsten zu sich ein. Wenn es mal wieder so weit ist, lässt sie sich mehrere Kisten Champagner liefern und versammelt in ihrer Wohnung Freunde aus ihren verschiedenen Lebensphasen, die bald alle miteinander ins Gespräch kommen. Ihre Abende gelten als die ausgelassensten, schlichtesten und lustigsten des Viertels. Und, Wunder über Wunder: Ihre Nachbarn beklagen sich nie über den Lärm, sodass die Songs von Amélies Playlists (u.a. der Beach Boys, von Blondie und Beyoncé) bis in die frühen Morgenstunden hinein auf Anschlag dröhnen.

Unser Paris. Dorfleben in der Stadt

Von all den Dingen, die uns Pariserinnen miteinander verbinden, ist dies wohl das wichtigste: In erster Linie definieren wir uns über unseren Wohnort – Arrondissement, Viertel und Wohnung, in dieser Reihenfolge.

Ungeachtet von Größe und Lage der Wohnung wird sie so behaglich wie nur möglich eingerichtet, mit vielen schönen Sofas, Kissen, Kerzen, Büchern, um sie zu einer kuscheligen Oase zu machen, in der man sich gern aufhält, arbeitet, herumhängt, träumt, an Freitag- und Samstagabenden Freunde einlädt. Eine zentrale Rolle in unserem Leben spielt aber auch das Viertel, wobei wir unter *quartier* den Häuserblock verstehen, der unser Zuhause unmittelbar umgibt. Hier muss es ein Eckcafé geben, in dem wir, sobald wir uns an den Tresen stellen, unaufgefordert genau den Kaffee bekommen, den wir immer trinken. Natürlich finden wir hier auch unsere Lieblingsbäckerei (die niemals zu denen gehört, in denen sich Touristen drängeln), in der das normale Baguette nicht mehr als ein Euro zehn kostet und in der die allerbesten Schinken-Gemüse-Sandwiches mit Mayo verkauft werden. Jeanne erzählt zwar immer wieder, dass sie gern ins 9. Arrondissement umziehen würde, tatsächlich aber schaut sie stets nur die Immobilienanzeigen zu ihrem eigenen Viertel durch. Sie ist in diesem 11. Arrondissement, in dem sie auch aufgewachsen ist, tief verwurzelt, und die kleine Wohnung hat sie mit ihren ersten Honoraren gekauft. Alle ihre Follower kennen den Marmorkamin und das Regal, in das ihr Kater Charlie gern klettert. So ein Zuhause gibt man nicht so leicht auf.

Zehn Bäckereien, und die Gründe, warum wir sie lieben:

I. *Terroirs d'Avenir,* wegen des *Pain de campagne* und der Focaccia mit Kirschtomaten.
1, Rue du Nil, 75002

II. *Le Moulin de la Vierge,* wegen der Schokoladen-Éclairs.
64, Rue Saint-Dominique, 75007

III. *La boulangerie Verte,* wegen der Croissants und der unwiderstehlichen Windbeutel.
60, Rue des Martyrs, 75009

IV. *Du Pain et des Idées,* wegen der Brioches mit Orangenblütenaroma und den *Pains au lardons* (Speckbrötchen).
34, Rue Yves Toudic, 75010

V. *Julhes Paris,* wegen der Macarons und der feinen Konditoreiwaren.
56, Rue du Faubourg-Saint-Denis, 75010

VI. *Boulangerie Utopie,* wegen der unheimlich guten Apfeltaschen.
20, Rue Jean-Pierre Timbaud, 75011

VII. *Moison, le Pain au Naturel,* für das traditionell gebackene Biobrot im unglaublichen Marché d'Aligre.
5, Place d'Aligre, 75012

VIII. *Le Blé sucré,* wegen der *Pains au chocolat* und der *Mini-fraisiers* (Erdbeertörtchen).
7, Rue Antoine Vollon, 75012

IX. *Boulangerie Boris,* wegen der Mini-Sandwiches und des köstlichen Baguettes.
48, rue Caulaincourt, 75018

X. *Boulangerie Alexine,* wegen des besten Flans von Paris und der *Ficelle aux lardons* (dünnes Baguette mit Speckwürfeln), die man am besten warm isst.
40, Rue Lepic, 75018

Zehn Eckcafés:

I. *Le Saint-Gervais,* wegen der herrlichen Tische auf dem Trottoir
96, Rue Vieille-du-Temple, 75003

II. *L'Escale,* weil man von seinem Platz an der Theke aus die Seine sieht.
1, Rue des Deux-Ponts, 75004

III. *Le Pick Clops,* weil man da bei einem Bier gut die Passanten beobachten kann.
16, rue Vieille-du-Temple, 75004

IV. *Le Rouquet,* weil man dort mitten in Saint-Gérmain-des-Prés ein typisch französisches Frühstück bekommt.
188, Boulevard Saint-Germain, 75007

V. *Le Mansart,* wegen der Roséwein-Aperitifs an Sommerabenden.
1, Rue Mansart, 75009

VI. *Le Petit Château d'Eau,* weil man da nachmittags seinen Kaffee in der Sonne trinken kann.
34, Rue du Château d'Eau, 75010

VII. *Le Carillon,* für ein After-Work-Gläschen im Freien unter netten Leuten.
18, Rue Alibert, 75010

VIII. *Aux Deux Amis,* auf ein Glas Biowein und köstliche Tapas.
45, Rue Oberkampf, 75011

IX. *Le Penty,* weil Didi immer gute Laune hat und für 2 Euro leckere Pfefferminztees kredenzt.
11, Rue de Cotte,75012

X. *Aux Folies,* auf ein Glas Bier an Sommerabenden inmitten der Jugend von Belleville
8, Rue de Belleville, 75020

LE PETIT
VINS
CHAMPAGNE
Bières Pression
DÉJEUNER
ET
DINER
CUISINE
MAISON

LE
SQUARE
ROUSSEAU

Am Square Trousseau *mit* **Nathalie Dumeix**

Ein Rippenpulli
Rührei mit Bratkartoffeln
Holzclogs
Guy Bourdin

Schon als wir die Liste der Pariserinnen erstellten, die wir gern in unserem Buch verewigen wollten, hatte Jeanne an Nathalie gedacht. Nathalie ist eine Modedesignerin, die ihre eigene Marke geschaffen hat und ihre Kreationen seit zwanzig Jahren in einer Boutique ganz in der Nähe des Square Trousseau verkauft, jenes Restaurants, das früher von Jeannes Eltern geführt wurde. In dieser Boutique verkauft Nathalie die idealtypische Mode der Pariserin, also genau jene Stücke, die von ausländischen Zeitschriften jahrein, jahraus gepriesen werden. Neben den Trenchcoats, die echte Pariserinnen von Januar bis Dezember tragen, bietet sie Samthosen mit hoher Taille an, Rippenrollis, zarten Goldschmuck, Keilsandalen, mit anderen Worten: die gesamte Palette der bequemen und gleichzeitig schicken Stücke, die Pariserinnen so gern tragen, allen voran Jeanne. Übrigens hat Jeanne ausgerechnet in Nathalies Boutique ihre Liebe zur Mode entdeckt, weil sie dort immer nach der Schule hinging, um sich mit der Boutique-Besitzerin über Klamotten und Jungs auszutauschen.

Wir treffen Nathalie an einem der Cafétischchen am Square Trousseau an, einem nostalgischen Stadtplatz, der im 12. Arrondissement

unweit der Bastille gelegen ist. Wattige Wolken erobern den Himmel. Alles an Nathalie sieht nach Paris aus, der Trenchcoat ebenso wie das lange weizenblonde, kunstvoll verwuschelte Haar. Das nur leicht geschminkte Gesicht wird mit den Jahren immer schöner. Gertenschlank zu bleiben, scheint für sie kein Problem zu sein, denn um 11 Uhr 55 bestellt sie sich Rührei mit gekochtem Schinken und Bratkartoffeln. Sie ist eine dieser Frauen, deren Geheimnisse man gern kennen würde, und sie macht jeder Frau Lust darauf, ihren Kleidungsstil nachzuahmen und so zu lächeln, zu reden und zu altern wie sie. Kurz gesagt: Sie ist der Inbegriff einer Pariserin, wie sie sich alle Welt vorstellt.

Ihre Stilsicherheit hat sie von ihrer Mutter geerbt, die Nathalie, als sie klein war, »niedliche Dufflecoats und aus Schweden bestellte Holzclogs« anzog. Sie wuchs nicht in Paris auf, sondern im Burgund, in Châtillon-sur-Seine. Wenn man nach Paris zieht, muss man sich sicher sein, dass dort das Glück auf einen wartet, beziehungsweise dass man dort etwas finden wird, das die Suche lohnt. Natürlich kommen viele der Liebe wegen in die französische Hauptstadt, die meisten jedoch ziehen hierher, um einen Berufstraum zu verwirklichen. Ich selbst ging mit 23 Jahren nach Paris, weil ich unbedingt Journalistin werden und dem Vorbild bekannter französischer Journalistinnen nacheifern wollte, die in Paris Karriere gemacht hatten. Als Nathalie neun Jahre alt war, träumte sie davon, »Coco Chanel oder Marie Curie« zu werden. Heute besitzt sie die Eleganz der einen und den etwas melancholischen Ernst der anderen. Offenbar konnte sich ihr Schicksal nur in Paris erfüllen.

Sie sieht die Stadt als ein riesiges Patchwork von Erfahrungen und Begegnungen. Sie zog im Alter von 17 Jahren her, um die renommierte Modehochschule Esmod zu besuchen und verbrachte ihre Nächte im Palais und den Les Bains Douches, zwei Nachtclubs, in denen sich in den Achtzigern die Crème de la Crème der Modewelt und des Showbiz traf. Nathalie begegnete dort dem Fotografen Guy Bourdin, der Modeschöpferin Dorothée Bis und Pierre d'Alby, dem Stardesigner der Sechzigerjahre (damals so prominent wie heute Phoebe Philo und Raf Simons), aber auch den Adepten des »Caca's Club«, der eine Mischung aus Literatur und Getränken bot, wie man sie nur in Paris fand und findet. »Ich komme mit sehr wenig Schlaf aus, und deshalb konnte ich immer viel ausgehen. Ich habe nie viel Alkohol getrunken, nur mal hier und da ein Glas, und niemals Drogen genommen. Ich kann auch ohne das Zeug eine tolle Zeit haben.« Damit spricht sie ihr Geheimnis an, das vielleicht auch viele andere Pariserinnen besitzen und sorgfältig hüten: Das innere Gleichgewicht, das aber nicht auf Mäßigung und Zwang beruht, sondern auf der besonderen Fähigkeit, Verrücktheit und Mäßigung in Einklang zu bringen.

Nach ihrem Vorbild gefragt, antwortet Nathalie prompt: »Françoise Sagan, weil sie so extravagant sein konnte.« Und fügt dann hinzu: »Und

so melancholisch.« Auch hier wieder zwei Gegensätze, die sich die Waage halten und für hier so typisch sind. Mit ihren Schönheitsgeheimnissen geizt Nathalie keineswegs: »Ich wasche mir das Gesicht täglich mit warmem Wasser und trage irgendeine Tagescreme auf, die in ELLE gerade empfohlen wird.« Allerdings hat sie auch ein besonderes Ritual, mit dem sie ihrem Gesicht täglich zu diesem besonderen Nude-Look verhilft: »CC Cream von L'Oréal als Grundlage, danach Concealer von & Other Stories, um kleine Makel und Unebenheiten im Gesicht zu kaschieren. Anschließend ein Perlglanz-Rouge von MAC unter die Augenbrauen, über der Oberlippe und über den Wangenknochen, um das Gesichtsrelief hervorzuheben. Zum Abschluss einen zarten weißen Eyeliner-Strich unter die Augenbrauen.« Auch in Punkto Ernährung ist Nathalie herrlich unkompliziert: Nach ihrem Rührei mit Röstkartoffeln nimmt sie zum Dessert gern noch die vom Kellner empfohlenen kleinen Meringen. Doch gibt es auch strikte Regeln: Weder Kaffee, noch Tee, noch Milchprodukte oder Gluten. »Ich betreibe keine einzige Sportart«, gibt sie errötend zu. Allerdings: »Ich gehe gern bis zur Pont Neuf und beobachte dabei die Passanten, die Leute, die vor den Cafés sitzen, betrachte die Bauwerke.« Von ihrem Haus bis zu dieser Brücke sind es einfach gut fünfzig Minuten, also sind es doch ziemlich sportliche Spaziergänge. Außer dass sie gern zu Fuß geht, fährt Nathalie auch Rad – das einzige Verkehrsmittel, das sie benutzt, und vielleicht erklärt auch das ihre gute Figur. Während wir vor unserem Café am Square Trousseau sitzen und sich die Sonne einen Weg durch die grauen Wolken bahnt, lernen wir von Nathalie so einiges. Vielleicht könnte man es sogar als eine Lektion in Philosophie bezeichnen: Anstatt den goldenen Mittelweg zu gehen, kann man auch stetig zwischen dem Zuviel und dem Zuwenig hin und her wechseln, zwischen Ausgelassenheit und Langeweile, Exzess und Askese. Einfach, um mehr Spaß zu haben, besser zu genießen und alles in allem besser zu leben.

Unser Paris.
Selfies, oje!

Theoretisch machen Pariserinnen niemals Selfies. Den Arm mit dem Handy in der Hand irgendwo über dem Gesicht schwenkend, bis man den richtigen Winkel, das richtige Licht gefunden hat, dämlich in die Kamera grinsen, in mehreren Anläufen – und das noch in aller Öffentlichkeit? Selfies sind tabu. Rein theoretisch!

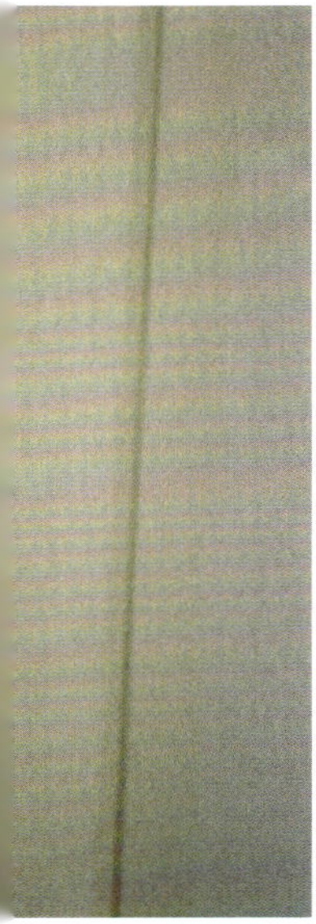

Im Chinesenviertel mit **Patricia Badin**

Eine Hütte über den Dächern
Perlen
Ein Schamane
Bissap (eine Art Hibiskus-Eistee)

Schon immer gab es in Paris diese kleinen, aber sehr lebendigen Nachtlokale, in die nicht jeder hereingelassen wird und in denen sich die Nachtschwärmer dicht an dicht drängen, einander wiedererkennen, im Rausch die Welt verändern wollen und tanzen. Im Palace, Pulp, Baron, Montana … und neuerdings im La Mano. In der Zeit, in der wir dieses Buch schrieben, bildeten sich vor dem winzigen Nightclub mit mexikanischem Flair in der Rue Papillon im 9. Arrondissement gegen ein Uhr nachts immer lange Schlangen. Jeanne und ich gehen lieber gegen 23 Uhr hin, und vor allem donnerstags, weil es am Wochenende viel zu voll ist. Wir lieben die Musik, die dort gespielt wird, heiße Rhythmen, Salsa, Rumba, kubanischer Jazz, aber auch die Meskal-Cocktails und den einladenden Charakter des Clubs.

Lokale verraten den Spirit der Menschen, die sie gestalten, und hinter der warmen Atmosphäre von La Mano steckt eine Frau namens Patricia. Weil sie so gern feiert, immer perlenbesetzte BHs trägt und so schallend lacht, wurde Patricia zu der Person, die das Image des Nachtclubs in reinster Form verkörpert. Sie ist zuständig für PR und

蔬菜部
LÉGUMES ET FRUITS
VISA
VISA
AMERICAN EXPRESS

Kommunikation und empfängt die Neulinge. Vor allem aber tanzt sie stundenlang zu hypnotisierender Sambamusik, die die Nachtschwärmer mit in ihren Sog zieht und ihnen Lust darauf macht, Patricias Bewegungen nachzuahmen, schweißtreibend zu tanzen und sich selbst zu vergessen. Dank ihrer Anmut und ihres Charmes erinnert sie an all jene großen Frauen, die es verstanden, gleichzeitig verführerisch, provokant und geheimnisvoll aufzutreten, Frauen wie Mata Hari, die Mistinguett oder Grace Jones, und die auch in Paris Geschichte geschrieben haben. Patricia ist eine Archetypin der Pariser Nacht und außerdem eine erfolgreiche Choreografin und Tanztrainerin.

Jeanne und ich treffen uns eines Morgens in der Nachbarschaft des Hauses im 4. Arrondissement, in dem Patricia wohnt, in einem kleinen hippen Coffee Shop (Bob's Juice). Wer hier einen grünen Smoothie oder einen Latte bestellt, bekommt ein kleines Kunstwerk serviert. Jeanne ist gestern Abend erst spät ins Bett gekommen und wirkt verkatert. Patricia wohnt im obersten Stockwerk eines schmalen, bizarren Stadthauses im Haut Marais, in einer winzigen Dachkammer, ehedem ein Dienstmädchenzimmer. Durch das ovale Gaubenfenster kann man den Himmel sehen, der heute blau wie eine Gitanes-Packung ist. Auch Patricia ist gerade erst aufgestanden. Sie hat die ganze Nacht durchgetanzt. Mit ihrem kahl geschorenen Kopf, dem Buzz Cut der Subkultur, ohne Make-up und in einem figurbetonten schwarzen Bodysuit sieht sie wie eine Teenagerin aus. Wir nehmen auf einem Diwan Platz, der reich mit Kissen und Vintage-Stoffen dekoriert ist. In ihrer kleinen Küche mixt uns Patricia sogleich einen Bissap, der gegen Jeannes Kopfweh helfen soll. »Ich habe mir schon x-mal gesagt, dass ich eigentlich umziehen sollte, in eine größere Wohnung, aber das hier ist einfach meine Bude, hier fühle ich mich wohl.« Die kleine Wohnung ist auf überraschende und exquisite Weise eingerichtet, und überall sieht man Objekte, die in irgendeiner Form am Körper getragen werden: Kopfschmuck aus Perlen vom Flohmarkt in Barbès oder aus den Sexshops in Pigalle, Netzbodys, Jeans-Shorts, auf die Patricia die Perlen einer alten Küchengardine aufgenäht hat, die sie im Treppenhaus fand.

In diesen Räumen weht der Wind der Freiheit und Frechheit. Ihr Motto lautet, sich niemals zu entschuldigen, alles zu tun, alles auszuprobieren. Sie arbeitet nachts, um tagsüber machen zu können, was sie will, und um ihre Projekte umzusetzen. Vor Kurzem hat sie einen Verein gegründet, »B' Attitude«, über den sie all das fördern will, wofür sie sich begeistert: Tanz, die Kunst des Cocktailmixens, Stil, Feminismus, Naturkosmetik und Kunst. Diejenige Kunst, die sie am besten beherrscht, ist die, sie selbst zu sein und sich in jedem Augenblick neu zu erfinden. Eine Kunst, die man lernt, wenn man sein ganzes Leben in der Ville Lumière, der »Stadt des Lichts« verbringt. »Ich habe schon in sämtlichen Pariser

Vierteln gewohnt, außer im 16. Arrondissement. Paris steht für mich für Freiheit. Ich habe mich nie danach gesehnt, diese Stadt zu verlassen, denn hier kann man sein, wer man will, tun, was man will.«

Patricia ist im 7. Arrondissement aufgewachsen, unweit jener legendären Rue de Verneuil, in der das Haus von Serge Gainsbourg steht, an dem sie jeden Morgen vorbeiging. »Er winkte mir und meiner Schwester zu, wenn wir zur Schule gingen. Wir waren die einzigen schwarzen Kinder im ganzen Viertel.« Mit 14 Jahren entdeckte sie das nächtliche Paris und stellte fest, dass sie sich in ihm wohl fühlte, frei. »Meiner Mutter erzählte ich, ich würde babysitten gehen, tatsächlich

aber verbrachte ich meine Nächte im Folie's Pigalle.« Als sie 17 war und ihre Mutter beschloss, nach Guadeloupe zurückzukehren, weigerte sich Patricia mitzugehen. »Ich hatte mich auf eine Beziehung mit Paris eingelassen. Ich konnte mir nicht vorstellen, woanders zu leben,

Paris war mein Zuhause und sollte es immer bleiben.« So blieb sie allein in der Hauptstadt zurück, wurde in ihr erwachsen und zu der glücklichen Frau, die sie heute ist. Sie erzählt uns von den Nachmittagen, die sie bei Les Halles verbrachte, unter Skatern und Rappern, und wie sie an der Place des Innocents auf der Straße tanzte. »Wir waren eine Gruppe von Mädchen, die sich vorgenommen hatte, einen Nachtclub nach dem anderen zu erobern. Wir waren im Palace, im Bains Douches … Wir waren niedlich, aber wir hatten kein Geld, wir tanzten die Nächte durch und gelegentlich spendierte uns jemand einen Orangensaft.« Später studierte Patricia Japanisch, lernte im Januar den Vater ihres Sohnes kennen, heiratete ihn im Juli und brachte im März des folgenden Jahres Oscar zur Welt. Inzwischen ist er 16 Jahre alt und wohnt am Square Gardette, gegenüber von Jeanne.

Wenn man seine Kindheit in dieser Stadt verbringt, die Tuileries zum Spielplatz hat und den Anblick der Champs Élysées gewohnt ist, denkt man in großen Maßstäben. So ist es auch mit Patricia, der Paris inzwischen nicht mehr genug ist und die einen Langstreckenflug nach dem anderen unternimmt, um ihre Unersättlichkeit nach Grandeur zu befriedigen. Gerade eben ist sie aus Brasilien zurück. Sie erzählt uns von ihrer Reise, von ihrer Begegnung mit den Tänzerinnen des Ballet Funk, ihren wilden Tänzen an einem Strand in Praia Grande und dem Besuch bei einem Schamanen in einem Vorort von Brasilia. Wie jedes Mal hatte Patricia nur einen Rucksack mit zwei Bodysuits, Shorts und eine stylisches Jäckchen als Tanzoutfit dabei.

Patricia beherrscht die Kunst, sich aus etwas Banalem Mode zu zaubern. Sie pickt sich ihre Secondhand-Stücke in den Läden in Pigalle oder Barbès heraus und konfektioniert sich ein glitzerndes Outfit. Die Kleidung, die Kopfbedeckungen und die Schuhe, die in ihrer Wohnung auch als Deko dienen, sind kleine Stücke von ihr selbst. Sie sind das, was sie macht, aber auch das, was sie ist. Sie erinnern an ihren Werdegang, an ihr Talent und an die Rolle, die sie jeden Abend spielt, wenn sie sich auf die Tanzfläche des La Mano stürzt, um die Nachtschwärmer dazu zu verführen, mit ihr zu tanzen und dabei alles zu vergessen.

Unser Paris.
Zeit für den Apéro

Vergessen Sie Sport, Stickereien, Gärtnern und Kochen: Die höchste Kunst besteht darin, den richtigen Wein auszuwählen. Im Restaurant sollte man mit entschlossener Miene zur Karte greifen und dem Kellner präzise seine Wahl mitteilen können, um sodann den ersten Schluck des herbeigebrachten Weins im Glas zu schwenken. Selbst wenn man mit ein paar Freunden zusammen eine Flasche Rosé trinken will, sollte man sich im Klaren sein, was man bestellt. Wein ist untrennbar mit der Pariser Lebensart verbunden. Manche Leute stehen mehr auf Roten oder Weißen, auf Burgunder oder Bordeaux-Weine. Jeanne ist sehr für den Bordeaux, sie mag es kräftig, ich bin mehr ein Burgundertyp, würde aber für einen Côte-Rotie sterben. Zwar lieben wir beide Überraschungen, nicht aber, wenn es um Wein geht.

Unsere fünf liebsten Pariser Weinhandlungen:

I. *Cave Augé,* eine der ältesten der Stadt.
116, Boulevard Haussmann, 75008

II. *Les Caves de l'insolite*
Die Adresse für Bio-Weine.
30, Rue de la Folie Méricourt, 75011

III. *Lavinia* bietet Jahrgangs-Naturweine aus aller Welt an.
3, Boulevard de la Madeleine, 75001

IV. *Le Verre Volé*
Die erste Vinothek, die sich den Beinamen *cave à manger* (»Fresshöhle«) gab.
67, Rue de Lancry, 75010

V. *Le Baron Rouge,* wo man Wein auch abfüllen lassen kann, sofern man eine leere Flasche mitbringt.
1, Rue Théophile Roussel, 75012

Wer diese fünf Weine bestellt, outet sich als Weinkenner:

I. Ein Rotwein als Aperitif: Der Morgon von Marcel et Matthieu Lapierre ist so leicht und fruchtig, dass er sich (beinahe) wie Wasser trinkt.

II. Ein Rotwein zum Abendessen: Der Burgunder von Philippe Pacalet ist ein zarter, aber dennoch charaktervoller Pinot Noir.

III. Ein Rotwein zum Fleisch: Der Châteauneuf-du-Pape vom Domaine de la Vieille Julienne schmeckt nach Süden und dem terroirgeprägten Boden. Gut zu Fleisch passt aber auch der Saint-Émilion von Michel Favard.

IV. Ein Rosé als Aperitif: ein Bandol vom Domaine Ray-Jane mit Eiswürfeln.

V. Ein Weißwein zu Meeresfrüchten: ein Riesling vom Domaine Binner ist ein trockener, gleichzeitig fruchtig und mineralisch schmeckender Elsässer. Ebenso gut passt er zu Käse.

Im Arrondissement Popincourt mit **Charlotte Morel**

Eine schiefe Wand
Ein Karoplaid
Ein Hypnotiseur
Drei Freundinnen

Wie beschreibt man am besten eine allein lebende, 30-jährige Pariserin? Indem man ihr Liebesleben schildert. Verrückt, wie schnell wir im Gespräch mit Charlotte auf die Liebe zu sprechen kamen. Dabei kannten wir Charlotte vorher gar nicht. Doch Jeanne war auf den ersten Blick von ihr fasziniert, von ihrer gleichzeitig aristokratischen und bohèmehaften Art, als sie sie eines Morgens im Café Aux Deux Amis sah. Sie verabredeten sich, und so kam es, dass wir Charlotte ein paar Tage später in ihrer Zweizimmerwohnung am Marktplatz von Popincourt besuchten. Popincourt ist ein Viertel, in dem es so viele kleine Läden gibt, dass es mit dem offiziellen Label »Village Popincourt« ausgezeichnet wurde. Was an Charlotte noch pariserischer ist als ihre Art und ihre Eleganz, ist ihre Wohnung, die von einem fantastischen Melograno-Raumduft erfüllt ist. Die Terrakotta-Granatäpfel des italienischen Parfumeurs Santa Maria Novella sind nämlich über die ganze Wohnung verteilt. Das große Schlafzimmer ist hell und weiß gehalten, der offene Kamin ist mit schwarzem Marmor eingefasst, überall stehen Kunstobjekte in Kombination mit etwas kitschigem Trödelmarkt-Krempel. Bei ihr ist alles raffiniert, sogar die große Eidechse an der Wand und die verzogene Tür. »Das Haus ist sozusagen abbruchreif, doch weil das Viertel so begehrt ist, werde ich die Wohnung eines Tages trotzdem zu einem guten Preis verkaufen können«, erklärt Charlotte, während sie uns grünen Tee und glutenfreie Kekse serviert. Sie sagt, dass sie so richtig fotoscheu ist, und bewegt sich dennoch unglaublich natürlich vor Jeannes Objektiv. Die Art, wie sie sich im Schneidersitz auf ihrem anthrazitgrauen Sofa niederlässt, wie sie mit beiden Händen nach der Keramiktasse aus den Siebzigerjahren greift, wie sie ein Karoplaid über ihre Beine zieht, das alles verrät, dass sie eine sehr gelassene und selbstsichere, mit anderen Worten: sehr typische junge Pariserin ist. Auch die Art, in der sie uns fragt, ob es uns stören würde, wenn sie raucht, ist faszinierend. Und das ist erst der Anfang.

Charlotte ist in Paris aufgewachsen, in einem Teil des 20. Arrondissement, den man auch gern »Paris auf dem Lande« nennt, und sie besuchte das Lycée Massillon am Seineufer. Heute ist das 11. Arrondissement ihr Dorf, ihr Zuhause, und allein schon der Gedanke, hier wegzuziehen, versetzt sie in Panik. Bereits nach einer Viertelstunde hatten Charlotte und Jeanne festgestellt, dass sie zahlreiche gemeinsame Bekannte haben.

Freimütig gibt Charlotte zu, dass ihr Liebesleben den Filmen von François Truffaut nicht unähnlich ist. Sie liebt einen jungen Mann und hat mit ihm schon viel erlebt, auch Schlimmes. Sie erzählt uns wirklich alles, nachdem wir ihr schwören mussten, kein Wort davon zu schreiben. Sie hat schon alles getan, um sich von ihm zu lösen, sogar einen Hypnotiseur aufgesucht. (»Meine Frauenärztin hatte ihn mir empfohlen, sie ist auch ein bisschen meine Psychotherapeutin.«) Charlotte seufzt, zündet sich eine weitere Zigarette an und fügt, ein wenig theatralisch, hinzu: »Außerdem möchte ich natürlich ein Kind.«

Nie fühlt sie sich »pariserischer«, als wenn sie abends im Taxi von einer Party nach Hause fährt und, den Kopf noch voller Musik, die Stadtlandschaft an sich vorüberziehen lässt. »Dann sage ich mir immer, dass ich wirklich Glück gehabt habe.« Sie liebt Paris mit wahrer Leidenschaft. Seltsamerweise liebt sie außerdem die Fotos von Christian Milovanoff aus den 1980er-Jahren, das tägliche Haarewaschen (anschließend lässt sie sie an der Luft trocknen) und die in allen französischen Apotheken erhältlichen Kosmetikprodukte von Avène). Hingegen kann sie, wie sie gesteht, mit Make-up und Reizwäsche nichts anfangen. »Weil ich einige Monate lang in New York gewohnt habe und oft nach Tokio fliege, weiß ich zu schätzen, wie frei die Pariserin ist. Sie kann zerzaust und unmanikürt aus dem Haus gehen, und darf eine lässige Sitzhaltung einnehmen. Niemand ist so unbeschwert lässig wie wir!« Diese Nonchalance besitzt auch Charlotte, und sie prägt ihren ganzen Lebensstil. »Ich habe nie-

mals Termine, ich brauche mir nie etwas zu notieren«, versichert sie uns. Als typische Vertreterin ihrer Generation fährt sie beruflich zweigleisig. Zum Broterwerb hat sie einen Nebenjob in einer Kommunikationsagentur, ansonsten betreibt sie ihr eigenes Business. Zusammen mit zwei Ex-Kommilitoninnen, die sie an der Fakultät für Kunstgeschichte kennengelernt hat, gründete sie die Agentur »We do not work alone«, die alltagstaugliche Kunstgegenstände in limitierter Auflage herausgibt. Nach ihrem Frühstück, das stets aus einem Glas Orangensaft, schwarzem Kaffee und Butterbroten besteht, kommuniziert sie mit ihren Partnerinnen per SMS, ehe sie sich dann meist zum Mittagessen persönlich sehen. Am Nachmittag arbeiten sie an ihren Projekten, in der Wohnung von Partnerin und Freundin Louise im obersten Stockwerk eines Wohnhauses aus den Sechzigerjahren am Boulevard Richard Lenoir. »Wir sind wie eine große Familie, wir sind beide Patinnen ihrer Tochter, und die Künstler, deren Werke wir herausbringen, sind überwiegen Freunde von uns. Deshalb enden wohl auch die meisten unserer Arbeitstage mit einem Apéro.« Das ist eben Paris.

Unser Paris.

Das Internet hassen und lieben

10 Dinge, die eine Pariserin niemals auf Instagram posten würde:

I. Ihre Katze

II. Ihre Bücher

III. Ihren Typen

IV. Ihre Kinder

V. Ihre Liebste

VI. Postkarten mit Ansichten von Paris bei Tag

VII. Postkarten mit Ansichten von Paris bei Nacht

VIII. Ihren Einkaufskorb

IX. Das, was sie isst.

X. Fotos von Jane Birkin

10 Dinge, die eine Pariserin auf Instagram postet:

I. Ihre Katze

II. Ihre Bücher

III. Ihren Typen

IV. Ihre Kinder

V. Ihre Liebste

VI. Postkarten mit Ansichten von Paris bei Tag

VII. Postkarten mit Ansichten von Paris bei Nacht

VIII. Ihren Einkaufskorb

IX. Das, was sie isst.

X. Fotos von Jane Birkin

In Saint-Ouen *mit* **Fanny Clairville**

Der Flohmarkt von Saint-Ouen
Zarte Lingerie
Abitur mit Auszeichnung
Gemüsezwiebeln

Heutzutage wäre es Unsinn zu behaupten, Paris zu kennen, wenn man niemals über den Boulevard periphérique, kurz Périphérique, hinausgekommen ist. Diese Stadtautobahn trennt Paris wie eine Mauer von seinen Vororten und bewirkt auch eine klare soziale Trennung zwischen Innenstadt und Banlieue. Dennoch führen uns unsere Sonntagsspaziergänge oft genug zu einem Atelier in Montreuil, zu einem Studio in Saint-Denis oder aber zu einem schönen Backsteinhaus in Saint-Ouen. In einem solchen Haus lebt Fanny seit einigen Monaten, in einer gemütlichen Zweizimmerwohnung, die sie sehr liebt und die nur wenige Gehminuten von dem berühmten Flohmarkt der Porte de Clignancourt entfernt ist, dem Wochenend-Mekka Pariser Trödelfans.

Die hochgewachsene schlanke Fanny mit dem wilden Lockenkopf wollte schon immer hier in diesem Viertel eine eigene Wohnung haben, bevor sie 30 wird, und nach vielen arbeitsreichen Jahren ist es ihr gerade mal vor einigen Monaten gelungen, mit ihren Ersparten eine zu kaufen. Wie lange sie diesen Traum schon hegte, erkennt man auch daran, dass jedes einzelne Einrichtungsstück äußerst liebevoll ausgesucht ist, vom

KIA
7 ANS

bonbonrosa Kühlschrank bis hin zu den weißen Rosen in einer Vase auf dem Tisch.

Fanny leitet die Schmuckboutique Stone Paris in der Rue des Saints-Pères, die nur wenige Schritte von unserem Verlagshaus entfernt ist und in der Jeanne regelmäßig ihre Sucht nach feinen Ohrringen befriedigt. Fannys Look regte uns dazu an, sie in diesem Buch vorzustellen. Dabei rechneten wir überhaupt nicht damit, dass ihre Lebensgeschichte wie die einer ins 21. Jahrhundert transponierten Romanheldin von Balzac klingen würde. Es ist die Geschichte einer jungen Frau, die in der Provinz zur Welt kam und von Kindheitstagen an von der Sehnsucht getrieben wurde, die Hauptstadt zu erobern.

Fanny ist in Bordeaux geboren und ist die Tochter einer echten »Bordelaise« und eines aus Guadeloupe stammenden Vaters. Ihre Kindheit spielte sich auf Guadeloupe ab, auf der Île de Saint-Martin, und in einem Internat in der Normandie. Als Fanny noch klein war, zog ihre Mutter, die in der Musikbranche arbeitete, nach Paris, ins 13. Arrondissement. Wie alle Pariserinnen, denen wir begegneten, erzählt uns auch Fanny sehr detailliert, wie sie die Hauptstadt entdeckte: »Ich war 13, lebte im Internat und an den Wochenenden fuhr ich nach Paris zu meiner Mutter«, erinnert sie sich, zündet sich eine Zigarette an und schenkt uns Guavensaft nach. »Ich war oft allein, ich ging in der Avenue Choisy vietnamesische Pho-Suppe essen, schaute mir im Kino MK2 Bibliothèque Filme an und ging bei Tang Frères einkaufen, weil ich dort all das fand, was man für die karibische Küche braucht. Ich weiß, dass ich an diesen Pariser Streifzügen großen Spaß hatte. Ich gehe auch heute noch gern in diesem Viertel spazieren, um Jugendgefühle wiederzufinden.«

Entstand damals ihr Wunsch, später als Erwachsene in Paris zu leben? »Ich habe sofort begriffen, dass diese Stadt ein Sammelbecken ist, ein Ort, an dem sich alle Kulturen begegnen, die meine Kindheit beeinflussten. Hier vermischt sich alles.« Wenn sie nicht von Paris geträumt hätte, hätte sie sich wohl nicht im Alter von 15 Jahren bei der Model-Agentur Elite beworben. Sie unterbrach die Schule für ein Jahr, merkte aber bald, dass das Leben als Mannequin kein besonders einfaches war. »Damals gelang es nur sehr wenigen schwarzen oder farbigen Frauen, im Model-Milieu erfolgreich zu sein. Meine Agentur wollte mir unbedingt die Haare glätten. Weil man fand, ich hätte einen ›Dessous-Körper‹, modelte ich oft in Showrooms und auf dem Laufsteg in Lingerie. Auf meinen Reisen lernte ich Mädchen aus Osteuropa kennen, die nicht mal ein paar Euros besaßen, um sich etwas zu essen zu kaufen. Sie waren von einem Ehrgeiz besessen, in diesem Metier Fuß zu fassen, den ich nicht besaß. Mit anderen Worten: Mir wurde bald klar, dass ich nicht die neue Naomi Campbell werden würde.«

Fanny kehrte also auf die Schule zurück, bekam gute Noten und später ein Wirtschaftsdiplom und arbeitete in den schicksten Boutiquen. 2013 wurde ihr nach einer Begegnung mit Markengründerin Marie Poniatowski der Job bei Paris Stone angeboten. Fanny sah in dieser Arbeit die Chance, »sich zu erden« und auch, ihre Hobbys wieder aufzunehmen, vor allem ihr Gesangsstudium, dem sie viel Zeit widmet.

Am liebsten lädt sie ihre Freunde zu sich ein. Die Lockmittel, mit denen Fanny die ganze Clique dazu bringt, mit der Metro bis zur Endhaltestelle der Linie 4 zu fahren, bewahrt sie in der Speisekammer auf: »Knoblauch, Gemüsezwiebeln, Tomaten und Zitronen sowie Basmatireis. Wenn man dann noch ein Paar Jakobsmuscheln oder Fischfilet zur Hand hat, kann man jederzeit etwas auftischen.« Ihre Freunde wissen, dass in Fannys Küche immer irgendetwas Leckeres vor sich hinköchelt. »Obwohl ich erst vor einem Monat eingezogen bin, kennt man mich im Tante-Emma-Laden ums Eck schon sehr gut, weil ich immer wieder nach Dingen frage, die man nirgendwo findet.« Wer anders als eine waschechte Pariserin könnte so einen Satz von sich geben?

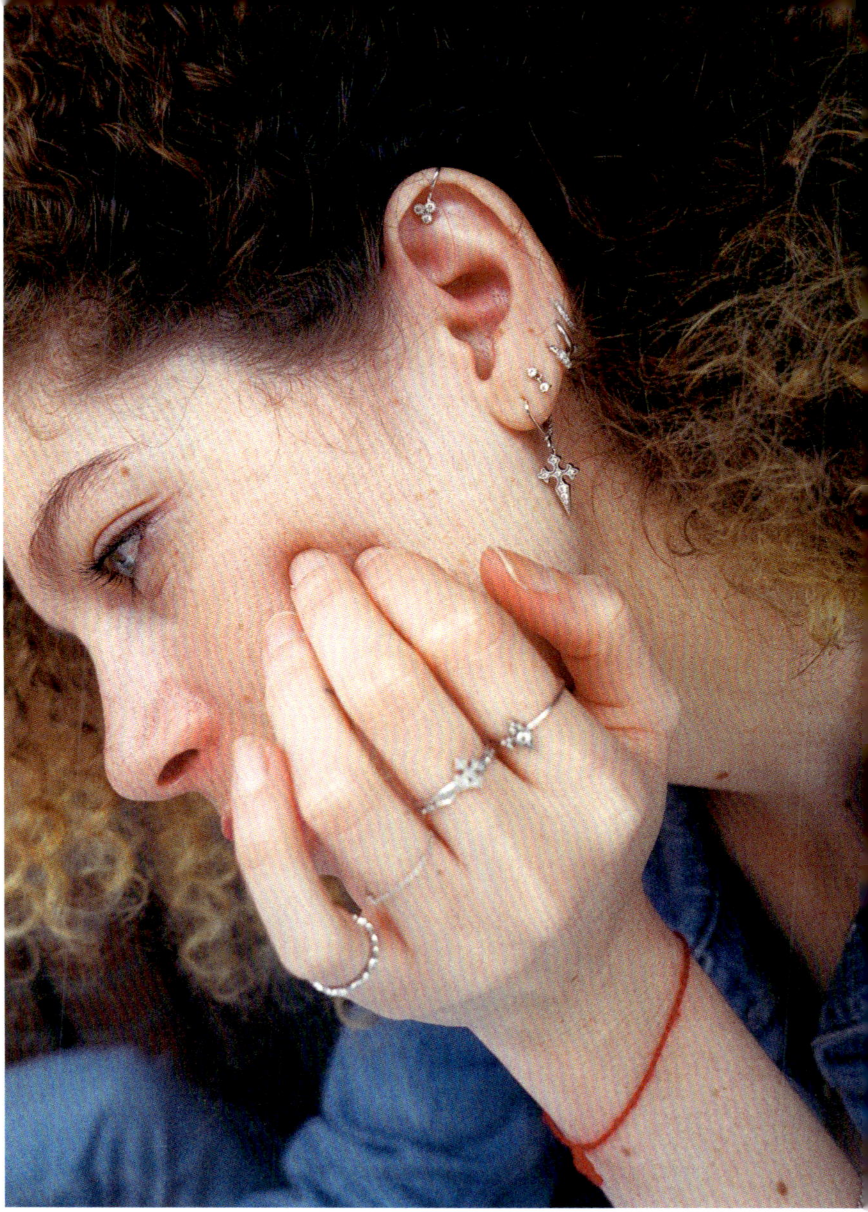

Unser Paris
Auf Pariserin machen

Sofern sich eine Frau ganz auf Paris einlässt, wird es aus ihr, gleichgültig woher sie kommt, eine Pariserin machen. Paris ist eine Weltstadt, ihr Reichtum und ihre Vielfalt gedeihen auf dem fruchtbaren Boden der Kulturen all jener, die in die Stadt kamen, um sie zu ihrer Heimat zu machen. Was allen Pariserinnen gemeinsam ist, ist ein gewisser Lebensstil, den man nur hier findet.

I. Sich zusammen mit jemand anderem durch das Drehkreuz mogeln, wenn man gerade keinen Fahrschein für die Metro dabei hat.

II. An der Station Trudaine (Paris 9) ein Leihrad von Vélib' nehmen und es vor dem Palais de Tokyo (Paris 16) wieder abstellen: 32 Minuten Fahrzeit.

III. Die Hälfte des noch ofenwarmen Baguettes auf dem Heimweg essen – denn es muss auch Klischees geben, die stimmen.

IV. Sich um 19 Uhr 15 »nur auf ein Gläschen« in der Bar treffen und um 2 Uhr morgens, sechs Flaschen Sancerre später, wieder herauskommen.

V. Bei Monoprix für 12,99 € ein Rouge im Roséton kaufen und es dann sechs Jahre lang benutzen, damit sich die Investition auch lohnt.

VI. Beim Essen von Essen reden (und über Politik und Sex erst beim Espresso danach).

VII. Sich vornehmen, alles von Marguerite Yourcenar zu lesen und den Sonntag dann doch mit Netflix verbringen.

VIII. Modeschauen besuchen und dann »ganz genau dasselbe« in einem Secondhandladen finden.

IX. Sich mit der ganzen Tagespresse eindecken, an ein Cafétischchen setzen und dann nur das Horoskop im *Parisien* lesen.

X. Sich beklagen, wenn die Sonne scheint, sich beklagen wenn es regnet, sich beklagen, wenn es schneit, sich einfach immer beklagen.

XI. Auf dem alten Transistorradio in der Küche Radio Nostalgie hören, während man im Computer 25 absolut geniale Playlists hat.

XII. Der Meinung sein, dass man pünktlich ist, wenn man eine Viertelstunde zu spät kommt.

XIII. Auf dem Markt Biogemüse kaufen und in der Bar an der Ecke zu Mittag einen Käsetoast essen.

XIV. Im Park picknicken, sobald das Thermometer über 18 °C steigt.

XV. Schuhe im Sale kaufen, obwohl sie zu klein sind, und sie dann nur einmal tragen.

Bei den Tuileries *mit* **Sophie Fontanel**

Eine Zimmerflucht
Genmaicha-Tee
Schlagsahne im Kaffee
Sich natürlich weißes Haar wachsen lassen

Sechs große Fenster und ebenso viele kleine Balkons unter einem Zinkdach, im sechsten Stock. Die blassblauen Vorhänge tanzen im Wind, sodass man Ausblicke auf das zarte Grün im Jardin des Tuileries erhascht, auf das große Riesenrad und auf ein fröhlich-freches Paris. Dieses herrliche Panorama kennen auch die derzeit über fast 200.000 Follower, die Sophie Fontanel auf Instagram hat.

Täglich speist Sophie dieses Netzwerk mit Bildern sowie mit humorvollen oder poetischen Texten. Abgesehen davon, dass sie eine brillante Schriftstellerin ist und sich auf eine einzigartige Weise zu kleiden versteht, fasziniert vor allem ihr authentisch pariserischer Lebensstil ihre Bewunderer. Und genau aus diesem Grund statten wir ihr einen Besuch ab.

Sofort stellen wir fest, dass sie auch eine gute Beobachterin ist: »Es gibt einen bestimmten Frauentyp, den man nur in Paris findet. Diese Frauen sind irgendwie nicht greifbar und widersprüchlich. Sie schminken sich nicht, wirken aber immer, als hätten sie Eyeliner aufgetragen. Sie reden leidenschaftlich gern über Sex, erweisen sich dann im Bett

jedoch als übermäßig prüde. Sie essen ein riesiges Sandwich, und dann den ganzen Tag nichts mehr. Pariserin zu sein bedeutet in gewisser Weise, sich über alles hinwegzusetzen.« Diese Definition beschreibt ganz offensichtlich auch Sophies Lebensstil. Eine traumatisierende sexuelle Erfahrung verarbeitet sie zu einem Buch, *L'Envie* (*Das Verlangen*, Kailash, 2012), in dem sie von einer Phase sexueller Abstinenz erzählt und das reißenden Absatz findet, sogar in Amerika. Sophie, die früher Mitarbeiterin und Modedirektrice von ELLE war, nimmt sich die Freiheit, bei Instagram und in ihrer wöchentlichen Kolumne für das Nachrichtenmagazin *L'Obs* Dinge über Mode zu schreiben, die andere niemals schreiben dürften. Sophie bringt es nie fertig, ihre Meinung für sich zu behalten oder auf eine Pointe zu verzichten. »Und sie beansprucht immer und überall die totale Redefreiheit«, fährt sie in ihrer Skizzierung der Pariserin fort. »Ich zum Beispiel stelle mir morgens nie den Wecker und verbringe einen großen Teil meiner Zeit auf dem Bett, aber das heißt nicht, dass ich nicht arbeite. Was die Pariserinnen kennzeichnet, ist ihre Coolness.«

Sich dem Leben gegenüber cool verhalten: Dies könnte auch die Lebenseinstellung eines Surfers sein, doch sicherlich hat Sophie nicht unrecht. Die Coolness der Pariserin gründet nicht auf Trägheit, sondern auf Temperament. Es ist die Coolness von Loulou de la Falaise, von Inès de Fressange, von Caroline de Maigret. Eine ganze Palette von Pariserinnen aus gutem Hause, die den so begehrten Adelstitel im Namen tragen, verkörpern diese Mischung aus Nonchalance und Bohème, diese nachlässige Eleganz.

Sophie selbst ist im Herzen eines sehr aristokratischen Arrondissements geboren, des 16., in der Rue de Vigne, dort wo das Pariser Großbürgertum wohnt. Dabei ist ihre Familie gar nicht reich. Ihre Mutter floh vor einigen Jahren aus Armenien und landete zunächst in Marseille, mit ihrer Sammlung alter *Vogue*-Hefte unter dem einen Arm und ihrem Mann (Sophies Vater) im anderen eingehakt. »Ich bin in Häusern aufgewachsen, in denen es noch Dienstbotenzimmer und Hintertreppen gab. Im Stockwerk unter uns wohnten Frauen, die elegante Kopftücher trugen wie Jackie Kennedy, und ich habe ganze Familien geschlossen in die Messe oder zur Synagoge gehen sehen. Alle glaubten, meine Familie hätte im Lotto gewonnen, weil wir im 16. wohnten. Ich hätte viel lieber in Saint-Germain-des-Prés gewohnt, um zu Fuß zum Café Flore gehen zu können. Meine Eltern fanden das schockierend.«

Später wohnte Sophie mehrere Jahre lang in einer Zweizimmerwohnung in der Rue de Verneuil, also ganz in der Nähe von Saint-Germain-des-Prés, und traf ihre Verabredungen stets im Café de Flore, wo sie sich nach 17 Uhr ein Glas trockenen Weißwein und einen kleinen Teller Würstchen bestellte. Das weiß ich, weil ich in dieser Zeit ebenfalls bei *ELLE* arbeitete. Ich war wesentlich jünger und begeistert davon, derartig »parisersische« Momente mit einer Frau teilen zu dürfen, die damals meine Mentorin war und später zu einer meiner besten Freundinnen werden sollte.

Tatsächlich aber, erklärt uns Sophie, ist das Flore längst nicht das symbolträchtigste Lokal von Paris. Über die Pariser Cafés hat sie übrigens

eine ganz eigene Theorie entwickelt. »Ich wusste sehr bald, dass ich Pariserin war, weil ich Freundinnen hatte, die ständig in den In-Lokalen tanzen gehen wollten, wie ins Costes oder ins Café Beaubourg, während es mich eher in die kleinen Kneipen zog. Denn es gibt eine besondere Pariser Kunst, sich den ruppigen Kellner der Eckkneipe gewogen zu machen, sodass er einen mag und einem ein Schälchen Schlagsahne zum Kaffee bringt.«

An dem Tag, an dem wir Sophie besuchen, steckt sie mitten in einem sehr langfristigen Projekt: Sie will sich die Haare weiß herauswachsen lassen und aufhören, sie sich braun zu färben. Ihre Follower auf Instagram verfolgen den Prozess, den sie auch bald für ihre Leser in Worte fassen wird. Denn jedes Mal, wenn sich ihr die Gelegenheit bietet, macht sie aus ihren Erfahrungen einen Roman, und ihr Buch wird sicherlich Tausende von Frauen in aller Welt ansprechen. Während sie uns Genmaicha-Tee in geblümte Porzellantassen einschenkt (ein grüner Tee mit gepufftem Braunem Reis), erzählt sie uns, dass sie gerade mit einer Journalistin der US-Vogue telefoniert hat, die von Sophies Umgang mit dem Thema Sexualität fasziniert ist. Was Sophie lebt, ist im Grunde die für Pariserinnen typische Einstellung, dass ein Frauenleben nicht nur aus Jugend besteht. Und dass man auch ohne Hilfe von Schönheitschirurgen älter werden kann, ohne aufzuhören, modern und anziehend zu wirken. »Es ist harte Arbeit, diese Idee zu verbreiten. Jedoch handelt es sich nicht um intellektuelle Arbeit: Man muss dieses Prinzip verkörpern.«

Das erfordert allerdings einen gewissen Mut, und vielleicht auch die lässige Frechheit, die Sophie ausstrahlt. Als sie ihr Haar weiß rauswachsen ließ, musste sie einige unangenehme Phasen durchlaufen, in denen sie Bemerkungen zu hören bekam, wie: »Das wird den Männern niemals gefallen.« Sophie konterte darauf: »Seit wann wissen Männer denn, was ihnen gefällt?«

Sophie macht also immer, was sie will. Das gilt auch für ihren Kleidungsstil. Bereitwillig zeigt sie uns ihre jüngste Errungenschaft: ein hochtaillierter Jeansrock von Vanessa Steward. Sophies Ankleidezimmer ist ein Traum! Hier gibt es Fächer voller Handtaschen, Hutschachteln

voller Tücher und Schals und penibel gefaltete Pullis. Doch Sophie übertreibt es mit der Mode keinesfalls. Nur wenige Kleider hängen an Bügeln und sie besitzt lediglich zwei Paar Stiefel. Das überrascht, wenn man sie auf Instagram in den vielen verschiedenen Outfits gesehen hat. Weil sie nicht zu viel aufbewahren will, hat sie es sich angewöhnt, regelmäßig auszumisten. »Ich verbringe viel Zeit damit, zeitlose Stücke zu kaufen, die ich dann aber bald satthabe«, erklärt sie lachend. »Ich behalte nur auf dem Flohmarkt ergatterte Sachen oder aber Dinge von hohem emotionalen Wert, wie etwa dieses Sofa, das meine Mutter selbst bezogen hat, oder aber dieses Möbelstück, das meiner Tante Anahide gehörte. Sogar Bücher gebe ich weg. Ich muss nicht Unmengen von Büchern behalten, um zu zeigen, dass ich lese.« Ein weiterer Beweis für Sophies große Unbeschwertheit.

Unser Paris. Natürlichkeit schätzen

Wenn Jeanne zu erklären versucht, was sie unter »Natürlichkeit« versteht, sagt sie: »Natürlichkeit ist, was man an seinem Partner bzw. an seiner Partnerin liebt, mitsamt angebrochenen Zahn und leicht geschlossenem Auge. Was wir an Sonia Rykiel lieben, ist ihr beeindruckender roter Haarschopf, bei Vanessa Paradis ist es die Zahnlücke, bei Juliette Gréco die Höckernase.«

Geht es hier etwa um Schönheitsfehler? Dieses Wort gefällt uns ganz und gar nicht. Schönheitsfehler kann es nur geben, wenn man davon ausgeht, dass es ein perfektes Lächeln, perfekte Haare und perfekte Augen gibt. Jeanne und ich hassen aufoktroyierte Schönheitsideale, denn es gibt tausenderlei Arten, elegant zu sein, ja Frau zu sein. Feministinnen sprechen von »selfcare«. Der aus militanten angelsächsischen Kreisen übernommene Begriff meint das Recht, sich so zu lieben, wie man ist, und dass man sich ohne Schuldgefühle um sich selbst kümmern darf.

Sich selbst ohne Abstriche zu lieben, mit allen Fehlern und Schwächen, auf körperlicher wie auch auf seelischer Ebene, ist ein Grundrecht. Sämtliche Frauen, mit denen wir für dieses Buch Gespräche geführt haben, strahlen diese »Natürlichkeit« aus, die weniger ein erarbeiteter, zur Schau gestellter Bonus ist, sondern eine besondere Art, voll und ganz das eigene Ich auszuleben.

S.H. 2013
VOGUE
PARIS
Invitée d'HONNEUR:
Vanessa Paradis
Ses CONFIDENCES, sa FAMILLE, ses AMIS,
son ALBUM PERSONNEL, ses COUPS de CŒUR...
Rare
Recordings
1948-1962

Chèvre, Cantal, Camembert, bleu
12,30
*La Campagnarde
Pork pie, Country ham, Goat, blue Cheeses
12,30
Des salades
*La Crêmière
salad, tomatoes, Goat Cheese on toast
salade, tomates, Chèvre s/ toast
10,90
*L'Italienne

Faubourg-Saint-Martin *mit* **Jesus Borges**

Schmetterlinge vom Amazonas
Favela Chic
Ein Jumpsuit
Éric Rohmer

Unsere Begegnung mit Jesus hatte etwas Unvorhersehbares und gleichzeitig Unvermeidliches an sich. Sie fiel Jeanne eines Abends bei einem von Jeannes nächtlichen Streifzügen in einer Bar auf, weil Jesus in ihrem himmelblauen Jumpsuit so schlank und schick aussah. Sie fand, dass wir mehr über diese junge Frau erfahren sollten, die eines der derzeit angesagtesten Restaurants der Stadt besitzt und führt: das Jesus Paradis in der Passage du Marché im 10. Arrondissement, das für seine Krabbenbeignets, das Hühnchen in Orangensoße und seine unglaublichen Caipiroscas bekannt ist. Ein paar Tage nach Jeannes erster Begegnung mit Jesus rief unsere Lektorin bei Grasset uns an, weil sie soeben im Jesus Paradis gewesen war und dessen Wirtin sie so beeindruckt hatte. Wir sollten uns unbedingt mit ihr unterhalten!

Mit anderen Worten: Wir konnten nicht umhin, Jesus zu besuchen. Jesus – allein schon ihr Vorname erregt Aufmerksamkeit – ist 44 Jahre alt und lebt seit 25 Jahren in Paris, in einer Wohnung mit himmelblauen Wänden, die mit lebensecht wirkenden Schmetterlingen übersät sind. An einem schönen Herbstnachmittag sitzen also Jeanne und ich bei Jesus

und hängen förmlich an ihren Lippen: Ihre Geschichte ist die einer Frau, die sich selbst neu erfunden hat. Nichts hat sie dazu vorherbestimmt, zur *patronne* dieses charmanten kleinen Lokals im 10. Arrondissement zu werden, dessen Gäste immer ganz leise sprechen, um den Charme des Lokals nicht zu stören. Jeanne, die eine sehr belesene Frau ist, träumt außerdem davon, einen Literaturpreis für junge Pariser Autoren ins Leben zu rufen. Vielleicht ist eine mögliche Anwärterin auf diesen Preis die Köchin des kleinen Restaurants, die immerhin bereits vier Romane geschrieben hat.

Ihren Pariser Lebenstraum musste sich Jesus hart erkämpfen. Sie zählt die Unternehmerinnen auf, die die Geschichte der Stadt beeinflussten, darunter Coco Chanel und Hélène Lazareff, die Mitgründerin der weltbekannten Modezeitschrift ELLE, die wie sie hohe Hindernisse überwinden mussten, um an ihr Ziel zu gelangen. »Ich kam 1992 in einem Bus im Busbahnhof an der Metrostation Gallieni in Paris an«, erinnert sie sich. »Es war August und brüllend heiß. Damals war ich 19 Jahre alt. Ich kam aus Lissabon, wo ich mit meinem Vater gelebt hatte, und sprach kein Wort Französisch.«

Man lernt Jesus nur dann wirklich kennen, wenn man sich mit ihr einmal über kulturelle Themen unterhalten hat. Die Bretter ihrer Regale biegen sich unter der Last der Bücher. Sie liest uns eine lange Passage aus einem Werk von Swetlana Alexijewitsch vor, der weißrussischen Autorin, die 2015 mit dem Literaturnobelpreis ausgezeichnet wurde, und gesteht, immer mal wieder die Briefe von Louis-Ferdinand Céline zu lesen. Sie besucht gern Theater- und Ballettaufführungen. Kürzlich hat sie sich im Théâtre du Châtelet die Choreografie »Groupes« von Pina Bausch angeschaut, war im Kammermusikkonzert von Philip Glass in der Philharmonie und hat die neue Version von Shakespeares *Heinrich IV.* im Théâtre Odeon gesehen. Jesus erzählt uns von befreundeten Künstlern; einer von ihnen ist der Madegasse Joël Andrianomearisoa, der für sie die Einrichtung ihres Lokals Jesus Paradis entwarf. Mindestens einmal pro Woche geht sie zu Fuß in ein Kino im Quartier Latin (in die Cinémathèque, ins Champollion oder ins Reflet Médicis), um sich alte Filme von Éric Rohmer reinzuziehen. Rohmer ist ihr Lieblingsregisseur, und sein *Im Zeichen des Löwen* hat sie sich schon x-mal angesehen. »Am liebsten gehe ich in Matineevorstellungen, wo immer ein paar alte Leute drinsitzen und laut ihre Lieblingsschauspieler kommentieren.« Ihr leichter kapverdischer Akzent trägt mit dazu bei, dass man ihr fasziniert zuhört.

Mittlerweile bewundern Jeanne und ich sie aber auch wegen ihrer Kultiviertheit und ihrer Art, das breit gefächerte kulturelle Angebot, das Paris bietet, zu nutzen. Dennoch darf man sich Jesus nicht als abgehobene Intellektuelle vorstellen, denn neben der Literatur und der Kunst liebt sie auch die Mode und entwickelte einen unnachahmlichen individuellen Stil. Sie beherrscht die Kunst, atemberaubend schöne Stücke zu finden, die fast nichts kosten, und sie stilsicher miteinander zu kombinieren – ebenfalls etwas, dass sie sich selbst beibrachte. Gelegentlich jobbt sie als Stylistin für Foto- oder Filmaufnahmen. »Ich habe nichts geerbt. Ich komme aus einem Land, in dem es nichts gab. Deshalb fragen sich die Leute oft, wie ich mein Wissen erwerben konnte und wundern sich, dass ich so viel weiß«, erzählt sie lächelnd. »Mein Vater hat immer wieder zu mir gesagt: »Lernen nimmt keinen Platz weg.« Und Jesus nahm sich das zu Herzen. »Mein erstes Ziel bestand darin, gut Französisch sprechen zu können, und das war auch überlebenswichtig. Ich wollte nicht wie meine Schwestern in der kapverdischen Diaspora bleiben. Ich wollte mich davon abnabeln, mich ins Pariser Leben stürzen. Ich habe viel ferngesehen, um das Land zu verstehen, in dem ich soeben gelandet war, und jedes Mal, wenn mich jemand auf Französisch ansprach, dankte ich ihm dafür. Nach drei Monaten beherrschte ich die Sprache fließend.« Nachdem sie einige Monate bei einer Familie in Créteil als Au-pair gearbeitet hatte, gelang es ihr, dank einer Stelle als Serviererin im Favela Chic ins Herz der Hauptstadt vorzudringen. Diese zwischen der Place de la République und dem Kanal Saint-Martin gelegene Kombination aus Bar, Restaurant und Club existiert auch heute noch. Zu Jesus' Zeit aber war dieses Lokal *der* Treffpunkt der Pariser Jugend, ein Ort, an dem man unbedingt sehen und gesehen werden musste. Und alle wollten Jesus sehen. »Ein bisschen hübsch war ich schon«, meint sie, bescheiden

lächelnd, »aber ich hatte von nichts Ahnung. Ich hatte noch nie Essen serviert, noch nie Cocktails gemixt. Trotzdem bin ich zu so etwas wie einer Ikone des Edelschuppens geworden, ich weiß auch nicht, warum. Die Leute kamen wegen mir, und auch heute noch passiert es mir, dass man mich in New York oder Barcelona auf die Zeit anspricht, in der ich dort gearbeitet habe. Es ist verrückt.« Sie seufzt, und wir merken ihr an, dass sie der Zeit ein bisschen nachtrauert.

Heute ist ihre größte Liebe das Jesus Paradis, ihr eigenes, vor zwei Jahren eröffnetes Lokal. Und natürlich Paris! Und sie findet, dass sie momentan gar keine andere Familie braucht als den Freundeskreis, den sie sich in der Stadt aufgebaut hat.

»Das hier ist mein Zuhause, und ich werde es niemals verlassen.« Jesus gibt zu, dass sie eine Zeit lang nach Lissabon zurückkehren wollte, eines Mannes wegen. Die Liebe ist ihre Achillesferse. »Meine Liebesgeschichten haben den Rhythmus meines Lebens bestimmt«, gibt Jesus zu. »Es kam vor, dass ich einen Mann, den ich liebte, verließ, weil mir eines Tages ein anderer besser gefiel. Romanzen faszinieren mich, man trifft irgendjemanden und ist plötzlich davon überzeugt, nicht mehr ohne ihn leben zu können. Derartige Begegnungen hat man aber nur in den Straßen von Paris. Sie bezaubern Kopf und Herz, man fühlt sich beklommen, was aber dann eines schönen Tages wieder verschwindet. Ich könnte euch stundenlang Liebesgeschichten erzählen.« Und im Grunde kommt es uns vor, als wäre das genau das, was sie verkörpert: die Leidenschaft, etwas, das nirgendwo auf der Welt so ausgeprägt ist, wie in Paris.

ANVIN
CAREL
CAREL

Unser Paris.
Paris und die Liebe

Sich in Paris zu lieben kann herrlich, aber auch anstrengend sein, denn romantische Klischees schaffen hohe Erwartungen. Doisneaus Foto *Der Kuss*, Woody Allens Paris-Filme … sie alle suggerieren, dass Paris von morgens bis abends vor lauter Liebe nur so überschäumt. Obwohl es natürlich auch in Paris vorkommt, dass Paare sich entzweien und Beziehungen scheitern, dass es verhängnisvolle Liebschaften, One-Night-Stands und ewige Singles gibt. Wir hätten diese Illusion zerstören können, haben uns dann aber dafür entschieden, es nicht zu tun. Paris, Hauptstadt der Liebe? Es ist wirklich ein schreckliches Klischee, aber wir hängen nun mal dran.

Die idealen Schauplätze für heiße Küsse (in unseren Träumen)

I. Auf dem Pont des Arts, nachdem man ein Schloss ins Geländer gehängt hat.

II. Im 2. Stock des Eiffelturms, natürlich bei Sonnenuntergang.

III. In einer Kabine des Riesenrads auf der Place de la Concorde, an einem schönen Sommermorgen.

IV. Unter einer Trauerweide im Parc des Buttes-Chaumont, unweit des Restaurants Rosa Bonheur.

V. Auf dem Achterdeck eines Seine-Dampfers, an einem Frühlingsabend.

VI. Unter einem großen Regenschirm auf dem Boulevard Saint-Germain, an einem verregneten Oktoberabend.

Orte, an denen wir tatsächlich leidenschaftliche Küsse erlebten:

I. Im Gebüsch an dem Tour Saint-Jacques, an der Rue de Rivoli.

II. In einer Umkleidekabine des Schwimmbads Molitor.

III. In einem *noctambus* (Nachtbus), der gegen 2 Uhr 30 in Richtung Porte de Champerret unterwegs war.

IV. Im Mülltonnenbereich hinter dem (Club) Chez Moune in der Rue Pigalle.

V. Unter dem Vordach des Mauri7, einer Bar in der Rue du Faubourg-Saint-Denis.

VI. In der Meeresfrüchteabteilung einer Filiale der Tiefkühlkostkette Picard in der Rue Beaubourg.

VII. Auf einem Gehsteig sitzend, aber wir wissen nicht mehr, auf welchem.

VIII. Durchgefroren unter dem Heizpilz einer Bistroterrasse, auf der wir eigentlich nur schnell eine Zigarette rauchen wollten.

Am Canal Saint-Martin *mit* **Noemi Ferst**

France Culture (Radiosender)
CDs
Art déco
Le Baron

Bei unserem Besuch bei Noemi lernen wir auch gleich Gigi kennen, ein süßes kleines Mädchen, das gerade mal dreieinhalb Monate alt ist und nett vor sich hin brabbelt. Noemi ist noch ganz symbiotisch mit dem Kind verbunden, aber ganz frei von Schuldgefühlen, auf Pariser Art. »Ich stille sie nachts, aber ich habe nicht aufgehört zu rauchen. Ich nehme sie überallhin mit, ins Büro, zu Abendessen, beim Ausgehen, auch wenn wir wissen, dass wir erst spät nach Hause kommen werden.« Aus dem Küchenradio dringt eine Sendung von France Culture zu uns herüber, der Frühstückstisch ist noch nicht abgeräumt, in einer getupften Keramikvase steht ein Feldblumenstrauß, CDs und Vinylscheiben vervollständigen das Dekor; hier und da liegen Kleidungsstücke herum, und ein Sonnenstrahl spiegelt sich in einem sonnenförmigen Spiegel neben der Wohnungstür. Willkommen bei Noemi!

Kennen Sie das Chanson von Charles Aznavour, »La Bohème«? Noemi ist geradezu die Verkörperung dieses Lebensstils. Anstatt zu festen Zeiten zu essen, ernährt sie sich von Poesie; im Übrigen träumt sie von einer einfacheren, gerechteren Welt. Noemi, Gigi und der Mann, den Noemi liebt, ein Bildhauer/DJ/Unternehmer, den sie vor einem Jahr in Indien heiratete, leben nur wenige Schritte vom Kanal Saint-Martin entfernt, in einem Viertel, in dem praktisch nur *Bourgeois-Bohémiens* leben, oder, wie man sie heute nennt: die BoBos. Der Begriff geht übrigens auf die Zeit um 1900 zurück, als sich in Paris unbürgerliche Künstler- und Autorengruppen zur Bohème von Montmartre bildeten. Sicherlich ist es kein Zufall, dass Terroristen am 13. November 2015 genau hier zuschlugen. An dem Tag, an dem wir Noemi besuchen, ist die Erinnerung daran noch frisch, und das Thema drängt sich uns ganz von selbst auf. »Wir waren erst vor knapp einem Jahr hier eingezogen«, erzählt Noemi und gießt sich eine Tasse Milch ein. »Wir waren aus dem 9. Arrondissement hierher geflohen, das inzwischen vollkommen gentrifiziert ist. Dort gibt es nur noch Cafés mit Holzfassade, in denen sie glutenfreien Cakes servieren. Hier dagegen haben wir das nostalgische Paris wiedergefunden, die Vielfalt der Kulturen, einen kleinen Markt, ich habe mein Café, meinen Blumenladen.« La Casa Nostra, eines der Restaurants, deren Terrassen von den Terroristen beschossen wurden, befindet sich im Erdgeschoss des Hauses, in dem Noemi wohnt. Als sie sich an jenem Abend aus dem Fenster beugte, weil sie die Schüsse an der Straßenecke hörte, sah sie, wie ein Mann genau vor der Auslage des Blumenladens zusammenbrach. »Damals hatte ich gerade erfahren, dass ich schwanger war. Meine erste Reaktion war, dass ich aufs Land fliehen wollte. Wir haben zugesehen, wie die Leute von der Stadtreinigung hinterher die Gehsteige säuberten. Zwei Monate lang war das Lokal im Erdgeschoss wie ein Mausoleum, es herrschte eine unbeschreiblich traurige Stimmung. Doch was mich am stärksten schockiert hat, war die Art, in der die Presse das Angstgefühl schürte. Der Staat hat da mitgemacht, indem er den Ausnahmezustand übermäßig verlängerte. Irgendwann habe ich beschlossen, dass ich hierbleiben muss, aus Protest.«

Noemi wurde in Los Angeles geboren, als Tochter einer Mutter, die zur Hälfte Chinesin und zur Hälfte Engländerin war, und eines israelisch-polnischen Vaters. Noemi lebte in Hongkong und in London, bevor sich die Familie in Paris niederließ. Zu diesem Zeitpunkt war sie

sieben Jahre alt. »Französisch lernte ich ab dem Alter von vier Jahren, denn meine Eltern hatten mich in Hongkong auf eine französische Schule geschickt. Als ich Paris zum ersten Mal sah, fand ich die Stadt so voller Lichter, so hypnotisierend, dass ich nicht mehr nach London zurückkehren wollte, das so feucht und kalt war und wo es schon um 16 Uhr dunkel wurde.« Ihr Wunsch wird wahr: Sie zieht mit ihren Eltern in eine Wohnung im 16. Arrondissement und verlebt dort eine herrliche Kindheit. Schon sehr bald weiß sie, dass sie Künstlerin werden will. Sie lehnt das Schulsystem ab und weigert sich, Abitur zu machen. Dennoch besucht sie sechs Jahre lang Kurse der renommierten École des Arts décoratifs, perfektioniert ihre Blumenmuster und ihre zarten Collagen. Danach bricht die Nacht herein.

Die Nacht hat einen Namen: Sie heißt »Le Baron«, also genau wie ein kleiner Club an der Avenue Marceau im 8. Arrondissement, in dem sich ungefähr zehn Jahre lang alle Nachtschwärmer und Musikbegeisterten der Stadt trafen. Im Laufe einer dieser Nächte im Le Baron begegnete ich Noemi zum ersten Mal. Damals war sie 17 und trug mal Kleider im Stil der 1940er-Jahre und mal nur Pompons, die sie sich auf die Brüste klebte. Und sie legte die ganze Nacht lang auf, denn sie war eine der Pariser DJane-Pionierinnen. Die lässige, sorglose Art, in der sie ihr Leben lebt, in der sie ihre Wohnung eingerichtet hat und in der sie ihre langen Haare nach hinten wirft, bevor sie Gigi auf den Arm nimmt und ihr die Brust gibt, erinnern mich an den Hauch der Freiheit, der schon damals in Le Baron wehte. »Die Nächte, die wir damals dort verbrachten, hatten etwas total Magisches an sich. Es war eine sorgenfreie, leichte Zeit, die Zeit der Begegnungen, die Zeit der Freiheiten.«

Den Drang, sich auszudrücken, lebt sie heute im Rahmen ihres militanten Feminismus aus, dessen Auslöser die Geburt ihrer Tochter war. »Mir wurde der vorwurfsvolle Blick bewusst, den die Gesellschaft auf stillende Frauen wirft. Dieser Blick, der etwas Reines und Natürliches in einen schmutzigen Akt verwandelt. Diese Art, den Frauenkörper zum Objekt zu machen, darf nicht länger toleriert werden. Free the Nipple! Warum dürfen sich Männer öffentlich mit nacktem Oberkörper zeigen,

und wir nicht? Neulich wurde ich von einem Mann beschimpft, weil ich mich auf eine Bank gesetzt hatte, um zu stillen. Gerade da kam ein ganzer Trupp kleiner Judokas mitsamt den Müttern vorbei, und sie alle beschimpften *ihn*. Das war ein klarer Sieg!«

Noemis Kampf findet auch auf Instagram statt, wo sie Blumenbilder postet sowie Fotos, auf denen sie und ihr Baby nackt sind. Und in der Welt der Musik, die sie gemeinsam mit ihrem Liebsten um das Projekt Radiooooo bereicherte: Eine Website, über die man Musik aus der ganzen Welt hören kann, eingeteilt in Jahrzehnte, mit 1910 beginnend. »Wir erhalten Beiträge aus aller Welt. Einer unserer aktivsten Mitarbeiter lebt auf einer kleinen Insel vor der Küste Brasiliens und sammelt Schallplatten mit 78 Umdrehungen pro Minute. Täglich werden uns über 500 Titel vorgeschlagen und wir wählen daraus die besten aus. Jeden Morgen lesen wir die Mails. Heute Morgen zum Beispiel hat uns ein blinder Regisseur geschrieben, dass wir sein Leben verändert haben. Das ist unsere Art, die Welt offener und freundlicher zu machen.«

Unser Paris.
Kinder (gut) großziehen

Bei der Mehrzahl der Pariser Eltern spielt die Improvisation eine große Rolle in der Kindererziehung. Natürlich kennen wir auch Glucken, die sich ab der Geburt nur noch um ihr Kind kümmern und das eigene Leben so gut wie aufgeben. In unserem Bekanntenkreis aber und ganz offensichtlich auch in den Kreisen der Frauen, mit denen wir uns für dieses Buch unterhalten haben, stehen die Kinder nicht unbedingt ständig im Mittelpunkt, und so war es auch schon gewesen, als wir und unsere Bekannten Kinder waren.

10 Dinge, die Kinder in Paris tun

I. Die halbe Nacht im Elternbett zwischen zwei großen Haufen von Mänteln und Jacken schlafen, während die Eltern und ihre Freunde nebenan feiern.

II. Neben einem Babyfon schlafen, weil die Eltern bei den Nachbarn eingeladen sind und finden, dass man in solchen Fällen nicht unbedingt ein Babysitter engagiert werden muss.

III. Mit acht Jahren allein zu Fuß zur Schule gehen.

IV. Bereits mit fünf Jahren mit einem schallgedämmten Helm ins Rockkonzert gehen.

V. Am Sonntagnachmittag sechs Runden mit dem Karussell fahren, weil Papa im Café gegenüber einen alten Kumpel wiedererkannt hat.

VI. Den Samstagvormittag im Schwimmbad verbringen, weil Mama da um 11 ihren Wassergymnastikkurs hat.

VII. Schon mit vier Jahren einen Soldaten – der Mann mit dem Gewehr, der jeden Morgen vor der Schule hin und her geht – von einem CRS – der Mann mit dem Schild, der bei Demos dabei ist – unterscheiden können.

VIII. Im Restaurant die Papiertischdecke anmalen, während Mama und ihre Freundin ihr Glas Morgon austrinken.

IX. Eine Stunde in der Buchabteilung von Monoprix herumsitzen, während Papa den Wocheneinkauf macht.

X. Die Enten im Parc Monceau füttern und dabei das Gefühl haben, mit der Natur eins zu werden.

20 Vornamen von Hundertjährigen, die Pariser Kinder heute tragen

Honoré
Colette
Françoise
Marcel
Barnabé
Appoline
Balthazar
Célestine
Achille
Augustine
Joseph
Jacques
Blanche
Bernadette
Marius
Suzanne
Jacqueline
Ernest
Alphonse
Madeleine

Boulevard Voltaire *mit* **Valentine Maillot**

Tanzen
Ein Koffer
Drei Kinder
Eine Chanel-Lieferung

In ihrem ersten Leben war sie Tänzerin, im zweiten Mannequin, im dritten Ehefrau und Mutter, im vierten Stellvertretende Chefredakteurin. Auf die Frage, was sie denn heute sei, antwortet sie lächelnd: »Ich weiß es nicht.« Das ist Valentine, wie sie leibt und lebt. Die Pariser Ikonen, Frauen wie die Bardot, die Sagan, die Huppert, lächeln einen nie so breit wie die amerikanischen Stars an, sondern eher melancholisch, und gerade dieses ganz besondere Lächeln bewirkt, dass man ihnen bereitwillig und ohne zu zögern die Welt zu Füßen legen will. Valentine ist von dieser Schule geprägt. Sie steht für ein elegantes und etwas müdes Paris, ein Paris, das Chanel trägt und das sich zeitgenössische Fotokunstwerke an die Wände hängt, ein glitzerndes, leicht überspanntes Paris.

Valentine lebt im 11. Arrondissement, dort, wo die großen Boulevards sind und wo man als Fremder vor lauter Verkehr und Geschäftigkeit meist die stillen kleinen grünen Ecken übersieht, die es dort durchaus auch gibt. Valentines Haus ist modern, zweistöckig und verfügt über einen kleinen gepflasterten Hof. An diesem ersten Sommertag des Jahres sitzen wir hier mit ihr, an einem Teakholztisch, und fühlen uns ein

bisschen wie zu Hause, weil Valentines Kinder Freunde von uns sind. An diesem Tisch haben wir schon viele Abende verbracht und Roséwein getrunken. Mit ihren schwarzen Jeans und ihrer Teenagerfigur, der rauen Stimme und der Kurzhaarfrisur war Valentine oft mit von der Partie. Denn so gut wie immer wird die oben beschriebene, teilweise vorgetäuschte Mattigkeit von einer grenzenlosen Großzügigkeit begleitet, einem Bonvivant-Geist, einem tief empfundenen Bedürfnis, mit Freunden in fröhlicher Runde Wein und Kultur zu genießen.

Valentines Charakter und Lebensart haben etwas von der Kälte von Catherine Deneuve an sich und gleichzeitig vom Überschwang einer Françoise Dorléac, von der Gelassenheit des Nordens und dem Temperament des Südens. Das liegt wohl auch daran, dass Valentine den

Norden und den Süden in sich trägt, denn sie wuchs zwar in Lille auf, doch stammte ihre Mutter aus Marseille. »Sie war die Einzige in der ganzen Stadt, die mit Olivenöl kochte.« Im Alter von 13 Jahren zieht Valentine ganz allein nach Nizza, in ein sehr angesehenes Tanzinternat, in dem Nurejew im Sommer Kurse gab. Hier lernt sie, selbstständig zu sein. Sie wäscht ihre Wäsche selbst, fährt nur dreimal im Jahr nach Hause und wächst zu einer ehrgeizigen jungen Tänzerin heran, die alles daransetzt, Primaballerina zu werden. Auch in der Schule strengt sie sich an, so sehr, dass sie bereits mit 16 Abitur macht. Anschließend wandert sie nach New York aus. Hier wohnt sie am West Broadway, erhält ein Stipendium, wird in die berühmte Kompanie von Dennis Wayne aufgenommen und arbeitet noch härter als zuvor.

»Ich habe überall auf der Welt gelebt, verwurzelt aber bin ich im Süden. Meine Olivenbäume hatte ich überall mit dabei«, sagt sie und zeigt auf die okzitanischen Keramikwaren aus Anduze, die sie auf die ganze Wohnung verteilt hat. »Ich liebe die Farben des Mittelmeerraums, die Wärme. Ich habe einen korsischen Großvater.« Erst vor ungefähr 15 Jahren beschloss Valentine, sich in Paris niederzulassen, um eine Trennung zu besiegeln. »Mir wurde irgendwann klar, dass Paris mein nächstes Ziel war. Ich hatte Hunger auf Kultur bekommen! Ein Freund fand dieses Haus mit dem kleinen Hof für mich. Ich habe mich hier sofort geborgen gefühlt, es war, als hätte dieses Haus schon die ganze Zeit über auf mich gewartet. Ich habe im Viertel Freunde gefunden, ich führe mitten in Paris ein Leben wie auf dem Dorf, alles, was ich brauche, finde ich in nächster Nähe.«

Weil sich der Himmel verdunkelt und es sehr nach Regen aussieht, beschließen wir, reinzugehen. In dem Wohnzimmer mit den weißen Wänden, an denen Kunstwerke hängen, thront ein Foto von Valentine und ihrer Tochter, das Oliviero Toscani 1987 für die Zeitschrift ELLE schoss. In den 1980er-Jahren war Valentine ein sehr erfolgreiches Model, das große Fotografen wie Peter Lindbergh, Richard Avendon und Steven Meisel inspirierte. Aus dieser Zeit hat sie sich eine enge Beziehung zur Welt der Mode bewahrt und auch einen exquisiten Geschmack bei der

Kleiderwahl. Im Grunde ist sie auch mit 55 ein It-Girl geblieben. Dazu passt auch, dass es während unseres Gesprächs an der Tür klingelt und ein Paket von Chanel geliefert wird. »Am Gepäckband eines Londoner Flughafens wurde ich darauf angesprochen, ob ich als Model arbeiten wolle. Ich war 18 Jahre alt. Meine erste Reaktion war ein Lachanfall, so absurd kam mir das vor. Die Mädchen in den Zeitschriften waren damals alle hochgewachsene blonde Schwedinnen!« Doch Valentine nimmt das Angebot an und macht ein paar Jahre lang nichts anderes, als um die Welt zu reisen, etwas das sie ohnehin am liebsten tut. Damit wir einen Eindruck von diesem Leben bekommen, nimmt sie uns in den Keller mit, wo sie ihre Garderobe verwahrt. Zwischen all den anderen Dingen sind einige besonders prominente Stücke, die sie gut pflegt und die sie mit jüngeren Anschaffungen kombiniert. Unter anderem besitzt sie mehrere riesige Rollenkoffer namhafter Designer. »Auch heute noch liebe ich es, für eine Flugreise zu packen. Ein Pulli, ein Schal, ein paar Bücher und ein Abendkleid … Für den Flug selbst ziehe ich Gucci-Mules und eine bequeme Hose an, setze mir eine große Sonnenbrille auf, rufe mir ein Taxi und los geht's!«

Valentine hat schon immer so gelebt: Wenn sie etwas beenden wollte, war sie auch in der Lage, konsequent einen Schlussstrich zu ziehen. »Modeln ist ein richtiger Beruf, und einer, der einem das Leben wegfrisst. Irgendwann habe ich Lust auf Theater bekommen, auf Kinder, auf Ausstellungen, darauf, zu leben! Allerdings muss ich zugeben, dass Modeln nicht ganz so aufreibend ist wie Tanzen.« Ihr Mann ist ein großartiger Choreograf, der sich in ihr Foto auf einem Werbeplakat verliebte. Zuerst wohnten sie in Tours, wo Valentine drei Kinder zur Welt brachte, nachdem sie ihre Modelkarriere an den Nagel gehängt hatte. »Damals wurde mir klar, dass ich sehr einsam war. Freundschaften brauchen Zeit, um zu wachsen, und ich war ständig unterwegs. Ich hätte mich auch irgendwo anders niederlassen können.« Dann wurde ihr Mann nach Monaco versetzt. Valentine zog nach Nizza um und besann sich ihrer mediterranen Wurzeln. Schließlich half ihr eine Stelle bei einem Pariser Luxusmagazin, zu ihrer früheren Unabhängigkeit zurückzufinden. Es ist

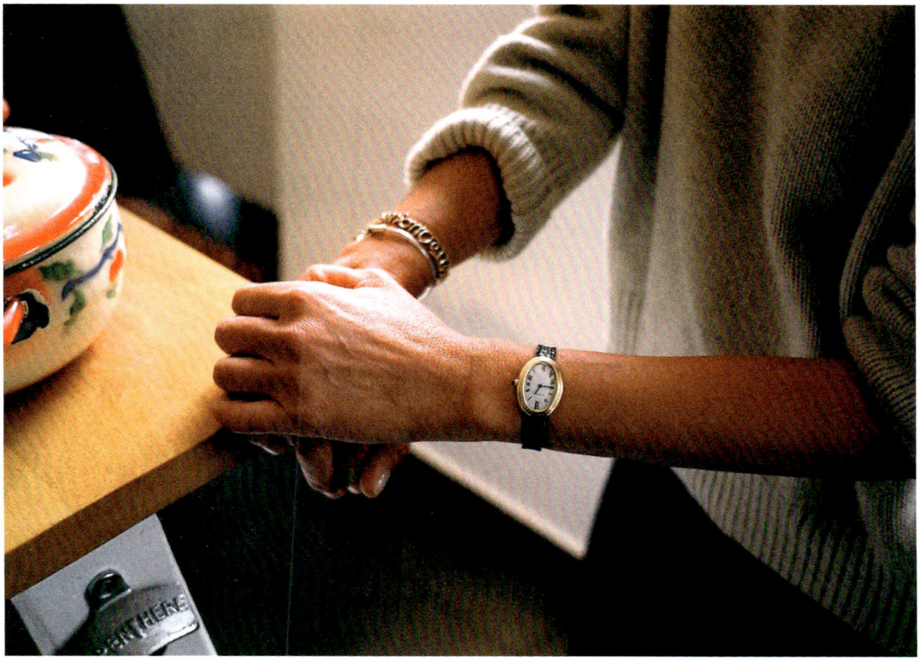

SIDE BY SIDE
GILBERT
VALENTINE

so, als hätte ihr Schicksal sie nach Paris geführt – der einzige Ort, an dem sie ihren Hunger nach Schönem stillen kann und an dem ihre Nomadenseele zur Ruhe kommt. Allerdings meint sie, dass in letzter Zeit alles schwieriger geworden ist, vor allem für die Generation ihrer Kinder. »In den Achtzigern«, erklärt sie, »stellte man sich nicht allzu viele Fragen, die Kinder verdienten mehr als ihre Eltern, sie wurden schnell unabhängig und lebten ihr Leben.« Ihr ältester, heute 25-jähriger Sohn, der einen super Job in der Modebranche hat, wohnt in der Etage über ihr. Ihr Blick wandert an den übervollen Buchregalen entlang, an den Postern, Fotos, Zeichnungen, Kunstobjekten und Postkarten. Sie hat hier einen lebenswerten Ort gefunden und hebt darin Spuren der Vergangenheit auf. »Das alte Nomadenleben habe ich aufgegeben. Mein Ankerpunkt im Leben, das ist Paris.«

CHANEL
31, RUE CAMBON · PARIS

Unser Paris.
Kommst du zum Abendessen?

Wir können gar nichts dafür: Die Angewohnheit, Freunde zum Abendessen einzuladen, haben wir von unseren Eltern geerbt. Auch wenn diese Essen lang vorher geplant werden, haben sie doch immer ein wenig etwas Improvisiertes an sich.

Jeder bringt ein Element des Menüs mit. Das können ein Dutzend Austern sein oder aber Rinderbraten mit Karotten, und niemand denkt darüber nach, ob das überhaupt zusammenpasst. Ein Käseteller und ein paar Flaschen Weißwein reichen im Grunde vollkommen aus. Vorausgesetzt natürlich, dass der Tisch schön gedeckt ist, mit Tischdecke, Weingläsern, einem Obstkorb und ein paar Kerzen. Weil die besten Gespräche immer erst nach Mitternacht zustande kommen, setzt man es sich zum Ziel, das Vergnügen auszudehnen. Den Aperitif möglichst spät zu trinken und mit dem Essen erst um 22 Uhr 30 anzufangen, damit der Abend lange dauert.

Laurens Rezept für Daube Provençale (Provenzalisches Ragout)

I. Einen großen gusseisernen Topf nehmen.

II. Eine gehackte weiße Zwiebel und zwei große Knoblauchzehen (in Olivenöl) anbraten.

III. 1 kg vom Metzger in Würfel geschnittenes Rindfleisch anbraten.

IV. Sobald das Fleisch goldbraun ist, ein Kilo geschälte und in Stäbchen geschnittene Karotten dazugeben.

V. Mit einem Liter Rotwein aufgießen, vorzugsweise mit einem Côtes-du-Rhône.

VI. Ein Sträußchen Thymian, einen Rosmarinzweig, zwei Lorbeerblätter, eine Nelke und ein paar Körner Rosa Pfeffer dazugeben.

VII. Den Deckel auflegen und das Ganze längere Zeit bei sehr niedriger Hitze vor sich hin köcheln lassen.

VIII. Diese Schmorphase sollte mindestens vier Stunden dauern.

IX. Genießen.

BOUCHERIE
CHARCUTERIE
BOUCHERIE CHARCUTERIE

Auf der Île Saint-Louis *mit* **Emily Marant**

Kaffee zum Mitnehmen
Mokassins
Eine berühmte Tante
Ein geheimer Fluss

In Emilys Kopf ist Paris ganz klein. In weniger als 24 Stunden kann sie die Stadt sechsmal durchqueren. Ihr Paris passt auf eine Handfläche. Sie kennt es durch und durch, kennt sogar seine geheimsten Ecken. Ihr Paris ist das der einheimischen Töchter aus gutem Hause, die seit Teenagertagen auf ihren Motorrollern durch die Stadt streifen, die Nase im Wind und mit einem bezaubernden Lächeln auf den Lippen. Die Abende verbringen diese Mädchen in riesigen Wohnungen, aus denen die Erwachsenen ausgeflogen sind.

Am Tag unseres Rendezvous' hat sich über die Île Saint-Louis, diese kleine Enklave mitten in Paris, wo man meist mehr Touristen als echten Parisern begegnet, eine melancholische Stimmung gelegt. In der Bar an der Ecke bitten wir um Kaffee zum Mitnehmen. Der Kellner hebt die Augenbrauen, scheint aber mit derartigen Ansinnen vertraut zu sein, auch wenn sie normalerweise von Amerikanern kommen. Emily hatte uns gebeten, sie in ihrer Wohnung auf der Insel zu treffen, eine kleine Wohnung in Familienbesitz, die bei Bedarf von den verschiedenen Familienmitgliedern genutzt wird. Am Telefon hatte sie sich entschuldigt,

weil sie uns nicht in ihrer eigentlichen Wohnung empfangen kann, die sie sich mit einer Freundin teilt, und uns gebeten, ihr einen Espresso mitzubringen.

Emily hat es eilig. Sie ist eine junge Unternehmerin und die kleine Wohnung dient ihr sowohl als Basislager als auch als Unterkunft für Freunde. Ihre geschäftlichen Aktivitäten sind über die ganze Stadt verstreut, aber das macht ihr nichts aus, denn sie bleibt gern in Bewegung. Sie hat nasse Haare, ihr T-Shirt ist leicht zerknittert. An den Füßen trägt sie blaue Klein-Mokassins von Weston. Sie schaut ständig auf ihr Telefon, gibt überraschte Ausrufe von sich, wenn eine Mail eintrifft, seufzt, wenn eine SMS kommt. Sie ist bei uns und gleichzeitig woanders, gastfreundlich und offen, und gleichzeitig überfordert. Vor einem Jahr gründete sie das »Studio Marant«, benannt nach dem Fotoatelier ihres Großvaters, der im frühen 20. Jahrhundert am Boulevard Haussmann dem renommierten Atelier Harcourt Konkurrenz machte. Sie bietet Counseling in den Bereichen Kunst und Design an und vertreibt Kunstwerke in limitierter

Auflage. Nachdem sie an der Ravensbourne School in London, am Berkeley College in New York und an der Mod'art in Paris Grafik und Marketing studiert hat, dreht sich bei ihr alles um Kunst. Zu ihren Freunden zählen Sébastien Mayer und Arnaud Vaillant, die jungen Designer von Courrèges. Ihr liebster Zeitvertreib? Streifzüge über die Flohmärkte und Museumsbesuche, etwa im Museum Maillol, wo sie im Rahmen ihres Studiums ein Praktikum absolvierte, oder im MAMO, dem Museum für moderne Kunst von Marseille, wo sie gern ihre Wochenenden verbringt.

Emily erzählt uns ihren Werdegang mit einem entwaffnend kindlichen Lächeln. Wer so lächelt, dem verzeiht man alles. Allerdings ist es ein Lächeln, das man nur bei Pariserinnen sieht. Bei Jeanne zum Beispiel (aber sagen Sie ihr das bitte nicht!).

Emily hat ihre Kindheit in Paris und im Hinterland von Nizza verbracht, was auch erklärt, warum es sie immer wieder in den Süden zieht. In ihren Pariser Kindheitserinnerungen kommen Stadthäuser vor, sowie ein Handwerkerhof in Montreuil, wo sie den Kunstschmieden bei der Arbeit zusah. Hinzu kommen ein Hauch von England seitens ihrer Mutter, die der Londoner Intelligentsia entstammt und Emily in der Sprache von Kate Moss aufzieht, eine Stiefgroßmutter aus Martinique, Aufenthalte in Schanghai, ein Jahr New York, eine lebenslange Bindung an die Pariser Vororte. Das Paris, das sie beschreibt, ist vielfältig, Boulogne spielt in ihm eine ebenso große Rolle wie Maisons-Lafitte, das denkmalgeschützte Kino Le Grand Rex, das auch als Theater und Konzertsaal dient, und Saint-Germain-des-Prés.

Aus ihrer nomadischen Kindheit hat sie ihre Angewohnheit beibehalten, niemals zwei Nächte am selben Ort zu schlafen. Wie alle jungen Frauen mit ihrem soziokulturellen Background (Emily ist die Nichte der Pariser Designerin Isabel Marant, die 1994 ihr eigenes Modelabel schuf, das für den perfekt-unperfekten Pariser Chic steht), ist sie Stammgast in angesagten Nachtclubs. Sie erinnert sich an das Pulp, in dem sie mit 17 bis zum Morgengrauen zu dem von Miss Kittin und DJ Chloé aufgelegten Elektro tanzte, an die Abende am Kanal Saint-Martin, die stets im Favela Chic endeten – ein Nachtleben, um das sie Studenten aus aller

WA

Welt beneiden. Erst nach ihrem Studium an der Pariser Kunsthochschule beschloss Emily, sesshaft zu werden, und wählte als ihren Kokon die Wohnung im 3. Arrondissement, die wir nicht zu sehen bekommen werden. »Ich stehe in einem Spannungsfeld zwischen verschiedenen Paris-Versionen. Da gibt es das etwas Schräge der Rue Saint-Denis, in dem ich gern abhänge. Und das Bohèmehafte der Rue de Bretagne, wo ich mich auf dem Markt Enfants-Rouges mit frischen Lebensmitteln versorge.«

Am pariserischsten kommt sich Emily vor, wenn sie draußen an einem Cafétischchen eine Zigarette raucht. Wir dagegen finden, dass sie besonders in dem Moment wie eine typische Pariserin wirkt, in dem sie: »Ich schminke mich nie!« ausruft. In der Stadt bewegt sie sich nur zu Fuß oder mit der Metro, weil Paris für sie so klein ist. »Meine Assistentin, die aus Marseille kommt, ist dort nie so viel zu Fuß gegangen wie hier.« Emily verkörpert jene Art von Pariserin, die sie selbst folgendermaßen beschreibt: »Sehr aktiv, eine Frau, die dreißig Leben gleichzeitig lebt, die arbeitet und sich weiterbildet, die ständig in Bewegung ist, die aber auch kritisch ihre Umgebung mustert. Ganz ohne Snobismus, aber in Beobachterpose, und in Paris gibt es schließlich eine Menge zu beobachten, nicht wahr?« Ja, das tun wir ja auch. Wir beobachten sie, wie sie in ihrer nicht eigenen Wohnung herumschwirrt, eine Vase mit einem Blumenstrauß auf den Kaminsims stellt, daneben eine Hundeskulptur und ein paar andere Bücher, um den Raum einen persönlichen Touch zu verleihen. Dann plötzlich hört sie auf, drei Dinge auf einmal zu machen, schnappt sich ein Kunstbuch, blättert darin herum und zeigt uns eine Seite. Endlich mal eine Verschnaufpause!

allery Since August 1996
ANDY WARHOL
KEITH HARING
200 WORKS ON PAPER
du 4 au 19 MAI 2016

Unser Paris. Nie ohne roten Lippenstift!

Wenn es eine Geste gibt, die für das verführerische Paris steht, dann ist es diese: Das Auftragen von Lippenstift. Ein roter Mund in einem nahezu ungeschminkten Gesicht: Voilà!

Hier verraten wir das Geheimnis einiger der schönsten roten Lippen von Paris.

Laurens Lippenstift
Matte 370 von Shu Uemura

Lippenstift der Fotografin Saskia Lawaks
Ruby Woo von MAC

Jeannes Lippenstift
Rouge Velvet 08 von Bourjois

Lippenstift der Regisseurin Rebecca Zlotowski
Coquelicot von Rouge Baiser

Lippenstift der Fotografin Sonia Sieff
Rouge Coco Carmen von Chanel

Lippenstift der Schuhdesignerin Amélie Pichard
Jungle Red von Nars

Place Pereire *mit* **Dora Moutot**

Trolle
Birkenstock
Eine Website
Blumenrabatten

Nur allzu leicht erliegt man der Versuchung, sich die Pariserin als eine Art Priesterin des guten Geschmacks vorzustellen, die ständig marineblaue Pullis zu weißen Tennisschuhen trägt. Doch wer das tut, kennt Dora nicht. Wir entdeckten sie beim Surfen im Internet. Dora ist Journalistin, sie hat die Gazette du Mauvais Goût gegründet, die »Zeitung des schlechten Geschmacks«, eine Website, auf der sie ihre Sucht nach Kitsch befriedigt, indem sie dort alles versammelt, was wirklich kitschig ist, von psychedelischen Bildern bis hin zu abgefahrenen Videos. Dora begeistert sich für absurde Objekte, vor allem dann, wenn sie violett und mit Pailletten besetzt sind. Mit anthropologischem Blick beobachtet sie merkwürdige Auswüchse der menschlichen Psyche. Deshalb sind wir nicht überrascht, als sie uns in einem Outfit empfängt, das so ganz anders aussieht als die »Uniform« der Pariserinnen: ein knallbuntes Batikkleid, silberne Birkenstockschuhe und grüner Glitzernagellack. Und sie erklärt uns gleich, dass sie dieses Haus hasst, ein großes Klinkergebäude, das so, wie es aussieht, auch in Berlin stehen könnte. Doch Jeanne und ich fühlen uns hier erstaunlich wohl. Mit unseren mitgebrachten Kaffeebechern lehnen wir uns auf Doras durchgesessenem Sofa zurück und lauschen ihrem Bericht einer Jugend in einem wenig bekannten barocken Paris, dem Viertel Ternes im Herzen des 17. Arrondissements. Auch dieses Viertel hängt Dora zum Hals raus, eines aber muss sie zugeben: Das Rathaus des 17. bezahlt seine Gärtner gut. »Ich habe Blumen leidenschaftlich gern, und ich sehe, dass hier für sie viel ausgegeben wird. Manchmal schnappe ich mir meine Kamera und gehe die blühende Pracht fotografieren. Meine Streifzüge führen mich bis ins Viertel Levallois, in den Park Bagatelle oder in den Bois de Boulogne.«

Wie die meisten von uns hat auch Dora Macken, aber vielleicht hat sie doch ein bisschen mehr davon als der Durchschnitt. Ihre Begeisterung für das Bizarre wurzelt möglicherweise in ihrer Kindheit. Ihre Mutter kam in Israel zur Welt, ihr Vater in Algerien, Dora selbst wurde in Washington geboren und lebte außer in Pariser Vororten auch in Frankfurt, London und New York. Es ist nicht ganz leicht, Ordnung in die Etappen ihres Lebens zu bringen, denn Dora erzählt alles ganz durcheinander. Fest steht jedenfalls, dass Dora bereits einen sehr verschlungenen Lebensweg hinter sich hat. »Meine Eltern haben einen extrem schlechten Geschmack. Mein Vater trägt seine Sandalen mit Socken, meine Mutter war so schön, dass sie nie etwas unternahm, um sich herzurichten, und das tut sie noch immer nicht. Mode lässt sie kalt. Als Handtasche benutzt sie einen Werberucksack von Sanofi. Von meinen Eltern habe ich die Ironie gelernt.« An der mangelt es Dora keinesfalls, das ist klar, und sie betreibt sie mit Virtuosität. »Meine Eltern leben im Ausland, meine Schwester ist in San Francisco, meine Freunde sind in Brasilien oder in Deutschland. Paris ist mein Zufluchtsort, die Stadt, die ich am besten kenne. Ich habe mit vier bis sieben Jahren hier gelebt, und dann wieder mit 14 bis 20. Ich komme immer wieder hierher. Hier wohnen auch meine beiden Großmütter. Wir stehen uns super nahe.«

Dora beschreibt uns ihr ganz eigenes Paris, die Stadt, in der sie allein lebt, seit sie 17 ist. Sie erzählt von dem Viertel Châtelet-les-Halles, wo sie sich früher immer die Haare färben und Piercings machen ließ, von der Gothic-Boutique Grouft, in der sie sich gern einkleidete, vom

FRIZZ EASE
SPRING
Apple

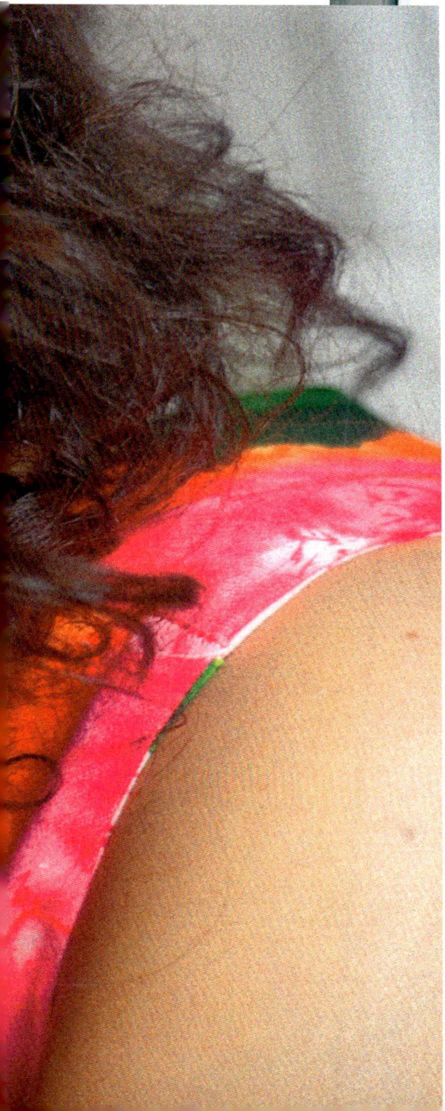

Batofar, ein ehemaliges Feuerschiff, das nun fest am Quai vertäut als Café und Musikclub dient, und von dem Modelabel Andrea Crews. Aber auch von Trödelläden in der Rue Richard Lenoir und in Belleville, in denen sie sich mit verrücktem Kitsch made in China eindeckt.

»Ich habe schon immer alles geliebt, was rosa war, und auch alles von My Little Pony, und aus diesem Stadium bin ich nie herausgewachsen. Als Teenagerin habe ich so ziemlich alle Subkulturen ausprobiert: Punk, Emo und Fluo. Als ich mit dem Studium begann, war ich mitten in meiner Kawaii-Phase und hatte überall Schleifchen. Meine Dozentinnen, die mehr so im Margiela-Stil mit seinem Anti-Fashion-Statement herumliefen, sagten immer zu mir: »Dora, du hast einen schlechten Geschmack.« Als ironische Reaktion darauf habe ich die Gazette gegründet.

Damit sieht sich Dora in der Tradition der großen Pariser Intellektuellen wie Simone de Beauvoir oder Claire Bretécher. Ebenso wie sie macht sich Dora viel Gedanken über ihr Outfit, diese stilistische Untermalung ihrer Ideen. Ihre Leidenschaft für das Textile lieferte die Inspiration für ein neues Projekt: Ein Dokumentarfilm über den Umgang mit traditioneller und zeitgenössischer Kleidung in Schwellenländern, die Erkundung eines Landes mittels seiner Kleiderkultur. Den Pilotfilm hat sie bereits in Marokko abgedreht. Was ihren eigenen Stil betrifft, so hat

Dora keine Angst davor, aufzufallen. Sie hat schon so ziemlich alles ausprobiert und die Leute aus ihrem Viertel kennen ihren Regenkapuzenmantel mit Katzenohren inzwischen ebenso gut wie ihr in Leuchtfarben lackiertes Hollandrad. »Was meine Typen betrifft – das wechselt. Meine erste Liebe war ein kleiner Skater, den ich über Caramail kennengelernt hatte, doch als er sich Dreadlocks zulegte, habe ich ihm den Laufpass gegeben. Danach war ich mit einem Jungen zusammen, dem kilometerlange platinblonde Strähnchen ins Gesicht hingen.«

Als das Gespräch auf die Liebe kommt, verändert sich Dora, wie es in Paris so oft geschieht, wenn es um dieses Thema geht. Man redet ein bisschen lauter und auch schneller, die Hände bewegen sich mit. Auf einmal ist alles von Leidenschaft erfüllt. Es entsteht das Bedürfnis, zu diskutieren, Ratschläge zu erteilen, nach Antworten zu suchen. Dora ist in dieser Hinsicht eher traditionell eingestellt. »Ich habe eine romantische, altmodische Einstellung zu Beziehungen, ich möchte keine unehelichen Kinder haben. Oft kommt es mir vor, als würde ich nicht in meine Generation passen, die Leute lassen sich nie Zeit, sie schlafen viel zu bald miteinander. Ich möchte erst einmal begehrt werden.«

Unser Paris.
Auf zum Abtanzen!

Die Pariserin liebt winzige Nachtclubs, vor denen man stundenlang anstehen muss, und beschließt irgendwann, dass man dort entweder donnerstagabends hingeht oder gar nicht.

An allen anderen Tagen lässt sie sich von ihrem Improvisationsgeist leiten.

Die Playlist von Noemi Ferst

I. »Sans mensonges«, Marie Gillain

II. »Nana«, MSTRD

III. »Season to Season«, Lynsey de Paul

IV. »Love in Space«, Mclane Explosion

V. »Paris, Paris«, Josephine Baker

VI. »Classé X«, Jane Birkin

VII. »It's all up to you«, Jeanne Mas

VIII. »Starlight«, Risqué

IX. »Most of All«, Saint Tropez

X. »La Parisienne«, Marie-Paule Belle

BAR
MARTINIQUE

In Belleville *mit* **Lola Bessis**

Briks mit Ricotta-Spinat-Füllung
Ein Jumpsuit
John Cassavetes
Ein Bartresen

Atemlos, Cleo – Mittwoch zwischen 5 und 7, Moulin Rouge, Die fabelhafte Welt der Amélie, Kinder des Olymp, Hôtel du Nord, Zazie in der Metro, Tisch und Bett, … und jeder sucht sein Kätzchen und sogar *Ratatouille*: Paris ist auch eine Stadt der Filmkunst. Drehfreudig und drehfreundlich. Wir taten uns schwer, sie vollständig zu porträtieren, ohne das Kino zu erwähnen. Die Gelegenheit dazu bot sich im Winter, als wir den Weg von Lola Bessis kreuzten, eine junge Schauspielerin und Regisseurin, die von den Kritikern geradezu geliebt wird. Sofort nachdem wir sie kennengelernt hatten, wollten wir sie in unser Buch aufnehmen, weil sie auf ihre Art so pariserisch ist. Unter anderem, weil sie die roten Teppiche der Filmfestivals immer ein kleines bisschen unfrisiert betritt.

Lola erblickte im 14. Arrondissement das Licht der Welt. Ihr Vater ist Tunesier, ihre Mutter Italienerin. Aufgewachsen ist Lola in der Nähe des Parc Monceau. Heute lebt sie mit ihrem Liebsten zusammen, ebenfalls ein Cineast. Lola lernte ihn kennen, als sie 19 war, und machte zusammen mit ihm vor drei Jahren ihren ersten Film: *Swim Little Fish Swim*; die beiden haben gemeinsam das Drehbuch geschrieben, gemeinsam Regie

國民酒樓
RUE
BELLEVILLE

geführt und gemeinsam produziert. Ein intellektueller und gleichzeitig witziger Indie-Streifen, gedreht mit einem Mini-Budget und in … New York, denn dort haben die beiden fünf Jahre lang gelebt und ihren gemeinsamen Traum verwirklicht. »In Paris wäre es wesentlich schwieriger gewesen. In New York lässt sich ein Indie-Film leichter drehen und produzieren. Es war der erste Film, bei dem ich Regie geführt und gleichzeitig mitgespielt habe. New York war für mich die beste aller Schulen, doch die Anerkennung kam aus Paris!« Der Film, der mit zahlreichen Preisen ausgezeichnet wurde, erzählt die Geschichte einer jungen Französin, die trotz ihrer Visaprobleme New York nicht verlassen will. Sie mietet sich bei einem Paar ein, schläft auf deren Sofa und verliebt sich in einen unverstandenen jungen Künstler. Lolas Geschichte ist der ihrer Filmheldin nicht ganz unähnlich. Auch sie ist eine Pariserin, die ihre Geburtsstadt verlassen musste, um zu begreifen, was sie ihr bedeutet. »Als ich wieder herkam, merkte ich, dass ich Paris gar nicht kannte. Weil ich meine Kindheit und Jugend nur im 17. Arrondissement und am Lycée Carnot verbracht habe, übersah ich die verrückten, lustigen und widersprüchlichen Seiten der Stadt. New York hat mir eine neue Perspektive auf Paris eröffnet.«

Kurz vor unserem Treffen war sie in Belleville, diesem großen, hügeligen Viertel, in dem es sowohl moderne Häuser als auch schmale Gassen gibt, schicke Restaurants und einfache Kneipen. Ursprünglich war Belleville das Viertel, in dem sich neue Zuwanderer niederließen, und somit ein lebendiger Mix der Kulturen. Edith Piaf hat hier gewohnt, Willy Ronis hat sie hier fotografiert, Romain Gary wählte es als Schauplatz seines Romans *Du hast das Leben noch vor dir*, und auch der Film *Goldhelm* mit Simone Signoret spielt in diesem Viertel. Immer mehr Pariser BoBos (Abkürzung von Bourgeois-Bohémiens, also Künstler und Kreative) eine Gruppe, der wir zugegebenermaßen ebenfalls angehören, streben hierher, um den Charme von Belleville, seine Konzerte und die Rasenflächen des Parc Buttes-Chaumont genießen zu können. Lola und ihr Liebster haben diesen Traum verwirklicht. Ihre Wohnung ist eine Art Loft, und sie haben vor, sämtliche noch stehenden Wände einzureißen,

PMU LE RELAIS de BELLEVILL
Jouez!
PMU
VINCENNES

RUE
STELLA ARTOIS
LOTO
STELLA ARTOIS
Florent
東方秀

damit das durch die Fenster hereinfallende Licht alles durchfluten kann. Als wir die Wohnung betreten, stehen Umzugskartons herum und Lola und ihr Liebster liegen noch im Bett. Weil weder Stühle noch Kaffeetassen verfügbar sind, verlegen wir das Interview in die Eckbar am Boulevard de Belleville, wo der Espresso an der Theke einen Euro kostet.

Lola ist etwas verlegen, weil sie uns über diese Ecke von Paris noch gar nicht so viel erzählen kann. Die Gegend, die sie in- und auswendig kennt, liegt auf der anderen Seite der Seine, im 6. Arrondissement, in der Umgebung der Kinos von Saint-Michel, denn dort hat das Paar bis vor Kurzem noch gewohnt. »Wir waren im selben Gebäude wie das Kino Saint-André-des-Arts. Der Kinosaal lag genau unter unserem Wohnzimmer. Wenn das kein Omen war! Manchmal lag in unserem Briefkasten Post, die eigentlich für das Kino bestimmt war. So kam es, dass wir die Geschäftsführer des Kinos näher kennenlernten und im Saal gelegentlich eigene Arbeiten zeigen durften. Ich träumte davon, im Kino Filmabende mit unbekannten amerikanischen Filmen zu veranstalten, und die interessierten Zuschauer hinterher auf ein Glas Wein und ein vegetarisches Gericht zu uns einzuladen.« Lola zählt eine ganze Liste von Filmen auf: *Lenny and the Kids, Mad Love in New York* der Brüder Safdie, *Putty Hill* von Matt Porterfield … »Ich koche wahnsinnig gern, genau wie meine italienische Großmutter. Als ich sieben Jahre alt war, hörte ich auf, Fleisch und Fisch zu essen und seither koche ich mein Essen immer selbst. Meine Briks mit Ricotta-Spinat-Füllung sind in ganz Paris berühmt.« Sie scheint sich doch ein bisschen nach ihrer alten Wohnung zurückzusehnen: »Es war eine sehr schöne Altbauwohnung, mit Versailles-Parkett. Unsere gesamte Einrichtung hatten wir auf Flohmärkten und in Trödelläden zusammengesucht. Aus New York hatten wir ein altes Sofa aus den 1970er-Jahren mitgebracht, das auch in unserem Film auftritt. Alles Übrige kam vom Secondhand- und Vintageladen Emmaüs.« Bei ihrer Garderobe verhält es sich ähnlich. Lolas Stil ist bohèmehaft und cool (heute trägt sie einen Jeansträgerrock, der ihr wie angegossen passt), die Grundlage ihrer Garderobe bilden Stücke, die sie in einer Vielzahl von Trödelläden zwischen Athen und Los Angeles ergattert hat.

Vier Jahre nach ihrer Rückkehr aus New York führte ihre Lust auf Veränderungen sie also nach Belleville. Die Wohnung stellt den Lebensmittelpunkt des Paars dar. Sie arbeiten, immer zusammen, von zu Hause aus und laden auch die Drehbuchautoren zu sich ein. »Hinter geschlossenen Türen können wir am besten arbeiten«, gibt Lola zu. Der Umzug stellt derzeit nicht die einzige Veränderung in ihrem Leben dar. Mit ihrer Schauspielerinnenkarriere geht es steil bergauf, besonders in Frankreich wächst ihre Beliebtheit. »Ich fange an, mir ein Netzwerk aufzubauen, es kommen vernünftige Angebote herein.« Wenn es so weitergeht, muss sie lernen, ihre Scheu vor großen Auftritten auf dem Roten Teppich zu überwinden. »Als ich klein war, mussten mich meine Eltern geradezu zwingen, für Familienfotos zu posieren. Ich fand es schrecklich und versuchte, dem zu entkommen. Langsam aber komme ich aber auf den Geschmack. Mein größtes Vorbild ist John Cassavetes. Er war Schauspieler in den Filmen der großen Studios und investierte sein damit verdientes Geld, um selbst Filme zu produzieren. Er war frei.« Möglicherweise könnte Lolas Liebeserklärung an ihre Stadt zu ihrem großen Durchbruch werden. »Ich schreibe am Drehbuch eines Films, bei dem ich allein Regie führen werde. Er wird in Paris und ausschließlich in der Nacht spielen. Niemand weiß, was mit der Stadt nachts alles so passiert.«

Unser Paris.
Nie ohne Trenchcoat

Es ist statistisch erwiesen: 100 Prozent der Frauen, mit denen wir uns für dieses Buch unterhielten, besitzen einen Trenchcoat, der oft auf einem Flohmarkt oder im Secondhandladen erworben wurde und der ganzjährig fester Bestandteil ihrer Garderobe ist. Sie ziehen ihn an, wenn es regnet (oft), in der Übergangszeit (die in Paris zehn Monate lang ist), wenn sie abends ausgehen, wenn sie einen Sonntagsbummel machen, wenn sie schlicht gekleidet sind, wenn sie sich feingemacht haben, wenn sie arbeiten, wenn sie streiken, wenn sie verführerisch aussehen wollen, wenn sie unbemerkt bleiben wollen, wenn sie in Hochform sind, wenn sie deprimiert sind, wenn sie Jeans tragen, wenn sie ein Kleid tragen, wenn sie sich besonders weiblich fühlen wollen, wenn sie sich betont maskulin anziehen, wenn sie tanzen gehen, wenn sie zur Arbeit gehen …

GARE DE HOUDAN

Gare de l'Est *mit* **Dorine Aguilar**

Bordeaux
Ein Liebster
Ein kleines Auto
Secondhand-Klamotten

Wenn Sie gesehen hätten, was Dorine für ein Gesicht gemacht hat, als ihr Freund Elliott mitten in unser Interview hereinplatzte! »Ich habe nicht gesagt, dass du herkommen sollst«, rief sie errötend, aber er lachte nur. Elliott ist auf eine zu Herzen gehende Weise verliebt. Dito Dorine! Wenn wir ein Buch über Pariser Paare geplant hätten, dann wären die beiden auf das Cover gekommen. Sie sind schon seit zehn Jahren zusammen und haben sich auf Myspace kennengelernt (ein soziales Netzwerk, das alle unter 20 nicht kennen können). Es war auch ein bisschen wegen Elliott, dass Dorine Bordeaux verließ, um nach Paris zu kommen.

Für ihn und ein bisschen auch wegen des Tanzes. Der Tanz ist Paris, das ist bekannt. Angefangen vom klassischen Ballett bis hin zu Hip Hop, von *Ein Amerikaner in Paris* bis hin zur Opéra – nirgendwo sonst auf der Welt wird so viel und so gut getanzt wie in Paris. Diese Kunst, die gleichzeitig auch eine Sport- und eine Lebensart ist, prägt viele Schicksale. Und überall wimmelt es nur so von Ballettschulen. In einer von ihnen unterrichtet Dorine. Jeden Abend übt sie mit Tanzamateuren zwischen 6 und 66 Jahren Choreografien ein, und in Gagny, einem Vorort von Paris,

bietet sie für Erwachsene mit Behinderungen den Kurs »handidanse« an. Aus diesem Grund besitzt Dorine ein Auto, einen kleinen Ford Ka, eine Seltenheit in einer Stadt, in der man nie einen Parkplatz findet. »Ich bin erst sehr spät abends fertig und will dann nicht noch mit dem Zug nach Hause fahren müssen. Außerdem wohne ich im indischen Viertel; die Leute arbeiten hier, schlafen aber woanders, und deshalb finde ich immer einen Parkplatz.«

Im Alter von zehn Jahren entdeckte Dorine ihre Berufung. »Für eine professionelle Tänzerin ist das sehr spät.« Trotzdem kam es einer Offenbarung gleich. Erst klassisches Ballett, dann Hip Hop … Dorine besuchte einen Kurs nach dem anderen, nahm im Sommer an Workshops teil. Man kann sie sich gut als gewissenhaften Teenager vorstellen, auch heute, hier in ihrer Wohnung im indischen Viertel, wirkt sie sehr konzentriert, zentriert. Vom nahen Gare de l'Est dringen laute Verkehrsgeräusche herüber. Dorines Katze kommt und reibt sich an meinem Notizbuch. Der Mairegen trommelt gegen die Fensterscheiben. Unten in der Straße schieben Händler Karren voller bunter Stoffballen vor sich her. Der Laden im Erdgeschoss verkauft Gewürze und Weihrauch. Und an der Ecke ist Sol Semilla, eines der derzeit beliebtesten vegetarischen Restaurants der Stadt.

Als Dorine 17 war, wurde ihr eine Ausbildung zur professionellen Tänzerin angeboten, doch sie konnte sich auch gut vorstellen, Jura zu studieren. Also entschied sie sich für beides, für Studium und Tanz. Ein Jahr später wurde sie dazu auserwählt, mit einem Stück auf Tournee zu gehen, das weltweit kolossale Erfolge feierte: *Urban Ballet*, ein in Hip-Hop-Manier getanzter Bolero von Ravel. Die Tournee dauert drei Jahre. Danach zieht Dorine nach Paris, bereit, das richtige Leben in Angriff zu nehmen. Die Wahl des Viertels fällt ihr leicht, es muss das 10. Arrondissement sein, weil Elliott beim Gare du Nord wohnt und Dorines Eltern beim Kanal Saint-Martin. Ebenso wie viele andere Pariser kann sie sich nicht vorstellen, in ein anderes Arrondissement überzusiedeln. Sie ist hier und wird hier bleiben.

Dorine steht morgens gern früh auf, »sonst mache ich mir Vorwürfe«. Sie trinkt literweise Kaffee und Orangensaft und verschlingt Nutellabrote. Das darf sie auch, denn sie tanzt 17 Stunden pro Woche; dazu kommen noch drei Stunden Yoga. Vormittags übt sie, denn sie geht weiterhin zu Castings. Lachend erzählt sie uns, wie angespannt die Stimmung der Tänzerinnen ist, die darauf warten, beim Casting für Musikkomödien vorzutanzen, und wie absurd die Kommentare der zeitgenössischen Choreografen klingen: »›Ich liebe den Tanz, wenn nicht getanzt wird.‹« Am »pariserischsten« fühlt sie sich, wenn sie mit dem Rad am Kanal Saint-Martin entlangfährt und dabei den unterschiedlichsten Menschen begegnet: »Inderinnen im Sari, Papas mit Kinderwagen, für mich ist es diese Mischung, die Paris ausmacht. Das Multikulturelle, Exzentrische, Brüderliche und Fröhliche, das durch die Attentate vom 13. November noch gestärkt wurde.« Abends lädt sie gern Freunde zu Nudelgerichten ein, die ihr Liebster zaubert.

Wir gehen nach draußen, um ein paar Fotos in ihrem Viertel zu machen. Auch wenn sie sich wie eine waschechte Pariserin verhält und in ihrem eng gegürteten Trenchcoat so aussieht, verrät sie sich gelegentlich durch Bemerkungen, wie: »In Paris kann man immer irgendetwas unternehmen.« (In der Provinz nämlich sind die Läden in der Mittagszeit immer zu.) Sie zählt auf, wo sie gern hingeht: die Cinemathek in Saint-Germain-des-Prés, das Champollion, ein Kino für Kunst- und Experimentalfilme in Jussieu, die Hip-Hop-Abende im Wanderlust, eine große Open-Air-Disco am Quai oder aber die Bikram-Yoga-Kurse, die rund um die Uhr angeboten werden und an denen sie mindestens dreimal die Woche teilnimmt. Wenn sie übers Wochenende nach Bordeaux fährt, sagt sie immer noch: »Ich fahre nach Hause«, doch in ein paar Jahren wird sie das wohl nicht mehr tun.

PALME D'OR CANNES 84
PARIS,TEXAS

Unser Paris.
Schnäppchenjagd

Die 10 Stücke, die man im Laufe seines Lebens ergattert haben sollte

Einen Trenchcoat
Eine Tweedjacke
Eine Seidenbluse
Eine Bucket-Tasche
Ein Sweatshirt einer amerikanischen Uni
Einen Fair-Isle-Pulli
Eine Levi's Jeans
Ein geblümtes Kleid
Einen Jumpsuit
Einen langen indischen Rock

Die besten Secondhand-läden von Paris

I. *Kiliwatch,*
Rue Tiquetonne, 75003

II. *Kilo Shop,*
Boulevard Saint-Germain, 75006

III. *Guerissol,*
Avenue de Clichy, 75018

IV. *Le Coffre,*
Rue de Ménilmontant, 75020

V. *Rag,*
Rue Saint-Martin, 75004

VI. *Ketchup,*
Rue Dancourt, 75018

VII. *Rose Market Vintage,*
Rue Hippolyte Lebas, 75009

VIII. *La Mode Vintage,*
Rue Rochebrune, 75011

Bei Notre-Dame *mit* **Sylvia Whitman**

Ein Buchladen
William Burroughs
Ein Internat in Schottland
Gabriel, zweieinhalb Jahre

Sylvie Whitman empfängt uns mit einem strahlenden Lächeln in ihrem Buchladen Shakespeare and Company am Ufer der Seine. Es ist Herbst geworden und Paris hat sich in Rosttöne gekleidet. Wir sitzen an einem Tisch des an den Buchladen angeschlossenen Cafés vor Apfel-Birnen-Smoothie und Avocadobrot. Mit ihrem Humor und ihren guten Manieren, dem geblümten Kleid und den blauen Augen wirkt Sylvia so britisch, wie man nur sein kann. Und natürlich bestellt sie sich Tee. Mit ihrem reizenden Akzent erzählt sie uns von ihrer Hündin Colette, mit der sie abends immer auf den Quais spazieren geht.

Gleichzeitig aber ist sie so ziemlich die pariserischste Frau, mit der wir uns für dieses Buch trafen; denn Paris fließt seit ihrer frühen Jugend in ihren Adern; und auch ihr Leben verläuft wie die Entwicklung einer Romanheldin, mit einer Abfolge von mal grotesken, mal romantischen und dann wieder dramatischen Wendungen, stets vor den Kulissen von Paris. Aber nicht irgendeines Paris, sondern genau des Postkarten-Paris ihrer Buch-Oase, die sie (von ihrem Vater) geerbt hat. Gemeinsam mit ihrem Ehemann leitet sie ein Team von knapp 40 Leuten, das in dem

Buchladen und dem benachbarten Café arbeitet. Die flaschengrünen Verkaufstische der Buchantiquare an den Quais, des Pont au Double, die Île de la Cité und die Türme von Notre-Dame, die wir von unseren Plätzen vor dem Café aus sehen, tragen mit zu dem Eindruck bei, dass Sylvia Whitman ein Schicksal durchlebte, das sowohl an das von Amélie Poulain, als auch an das von Esmeralda erinnert. »Notre-Dame bezaubert mich jeden Tag aufs Neue. Ich habe die Türme noch nie zweimal im selben Licht gesehen.« Sylvia erzählt ihr Leben, als wäre es ein Roman, und das kann man nur, wenn sich dieses Leben in Paris abgespielt hat.

»Ich bin im Hôtel-Dieu zur Welt gekommen, im ältesten Hospital von Paris also, auf der Île de la Cité. Als bei meiner Mutter die Wehen begannen, war sie hier im Buchladen. Sie ist über die Brücke gelaufen, um dort, am anderen Ufer der Seine, ihr Kind zur Welt zu bringen. Als Baby war ich tagsüber in der Kinderkrippe. Von meiner frühen Kindheit in Paris sind mir sehr sinnliche Erinnerungen geblieben, ich kann mich an das Licht erinnern, das durch die Fenster in unsere Wohnung fiel, an die Gerüche der Metro und der Bäckereien.« Sylvia Whitman ist die Tochter des bibliophilen Amerikaners George Whitman, der sich nach dem Zweiten Weltkrieg in Paris verliebte und beschloss, sich in der Stadt niederzulassen, »in der die Menschen Dichter sind und das Leben ein Gedicht ist.« 1951 eröffnete er in der Rue de la Bûcherie einen Buchladen, den er 1964 in »Shakespeare & Company« umbenannte, zu Ehren eines anderen Buchladens, den Sylvia Beach im frühen 20. Jahrhundert in der Rue de l'Odéon gegründet hatte. Bei Sylvia Beach gingen damals James Joyce, Ernest Hemingway und F. Scott Fitzgerald aus und ein. In Whitmans Laden dagegen konnte man in den 1950er-Jahren durchaus mal Allen Ginsberg und William Burroughs begegnen. »Mein Vater war ein exzentrischer Mensch, und so eine Art Don Quichote. Die Welt außerhalb des Buchladens existierte für ihn nicht. Er ließ die Ladentür stets offen, damit die Welt hereinkommen konnte. Vielleicht auch deshalb wurde so viel geklaut.«

»›Be not inhospitable to strangers, let they be angels in disguise‹ – diese Inschrift auf einem der Balken im Laden war für meinen Vater sehr

SHAKESPEARE AND COMPANY
SHAKESPEARE AND COMPANY
37
FLYNN

BIOGRAPHY
Search
IN THE FIRST CIRCLE
ALEKSANDR I. SOLZHENITSYN

BECKETT/BECKETT
VIVIAN MERCIER
Agatha Christie
Cat Among the Pigeons
Beautiful Losers
A FAREWELL TO ARMS
ERNEST HEMINGWAY

wichtig und hat meiner Ansicht heutzutage nicht an Bedeutung verloren. Mein Vater war viel gereist, besonders in Südamerika. Als er den Buchladen eröffnete, war er 38 Jahre alt, als ich geboren wurde, war er 70.«

Die Eltern ließen sich scheiden, als Sylvia noch klein war. Die Mutter zog mit ihr nach London, und sie hatte zu ihrem Vater so gut wie keinen Kontakt mehr. Später ging sie auf ein schottisches Internat, wo sie, wie sie uns stolz erzählt, stets einen Kilt trug. Nach dem Schulabschluss studierte sie in London und sah ihren Vater zehn Jahre lang nicht. »Plötzlich, mit 21, wurde mir klar, dass er schon 91 Jahre alt war und dass ich ihn unbedingt wiedersehen musste, bevor es zu spät war.« George empfing seine einzige Tochter auf ungewöhnliche Weise: Er stellte sie überall als eine englische Schauspielerin namens Emily vor. »Doch er band mich sofort in den Buchladen ein und übertrug mir alles. Wir wurden beste Freunde. Davor war ich nicht unbedingt das gewesen, was man als Leseratte bezeichnet. Aber ich verliebte mich, und zwar gleichzeitig, in die Literatur, in den Buchladen und in Paris.«

Unser Gespräch wird auf einem Rundgang durch das Labyrinth der Regale von Shakespeare & Co. fortgesetzt. Die Räume sind niedrig, mit unebenen Böden, die Treppenaufgänge sind instabil. Die Rue de la Bûcherie geht auf das 12. Jahrhundert zurück. Über den Verkaufsräumen befinden sich mehrere Wohnungen, in denen seit 1950 Gastautoren untergebracht werden. Eine von George Whitman eingeführte Tradition verlangt, dass jeder eine Seite zurücklässt, auf der er sein Leben erzählt. Sylvia holt für uns einen dicken Ordner herbei, in dem diese Lebenszeugnisse aufbewahrt werden. »Er ist voller Träume von Paris.«

Sylvia kennt Geschichten über Paris, die wir noch nie gehört haben. Zum Beispiel weiß sie, dass auf dem Square René Viviani der älteste Baum der Stadt wächst, oder dass Jane Birkin und Serge Gainsbourg sich im unweit der Buchhandlung gelegenen Hôtel Esmeralda kennenlernten. Doch braucht Sylvia das legendäre Liebespaar der Siebzigerjahre nicht zu beneiden, denn auch ihre erste Begegnung mit ihrem heutigen Mann klingt wie die Szene eines großen Liebesromans: »Er schrieb eine Doktorarbeit über Shakespeare und kam in den Laden, weil er ein seltenes

Buch suchte. Ich schlug ihm vor, er solle mir seine Telefonnummer dalassen, etwas, was ich noch nie zuvor zu einem Kunden gesagt hatte! Nach seinem Buch suche ich heute noch …« Ihr Sohn Gabriel arbeitet trotz seines zarten Alters von zweieinhalb Jahren bereits engagiert mit, gerade zieht er aus einem Regal fünf Bilderbücher, weil eine ältere Dame etwas für ihre Enkelin sucht. Die Familie wohnt ganz in der Nähe, in der Rue Pontoise, gegenüber dem schönsten Schwimmbad von Paris. »Ich hatte mir fest vorgenommen, dort jeden Morgen um 7 hinzugehen, und dann habe ich es doch nie geschafft«, bekennt Sylvia lachend. Dafür aber beherrscht sie die Kunst, durch Paris zu streifen.

»Ich habe ein Fahrrad und ich liebe es, zu meinen Freunden im 11., 20. oder 9. Arrondissement zu radeln.« Sie geht auch gern morgens am Ufer der Seine spazieren, es sind sehr intime Momente, die ihr das Gefühl geben, mit ihrer Stadt allein zu sein. Oder aber sie unternimmt zusammen mit einem Schriftsteller eine nächtliche Entdeckungstour und beschwört an dieser oder jener Straßenecke die Erinnerung an Brassaï und Henry Miller herauf. »In London denkt man ständig nur an das Kleid oder das Auto, das man sich als nächstes kaufen will. Hier habe ich diese Art von Gedanken nie. In London geht es immer nur um Geld. Hier gründet alles auf Poesie.«

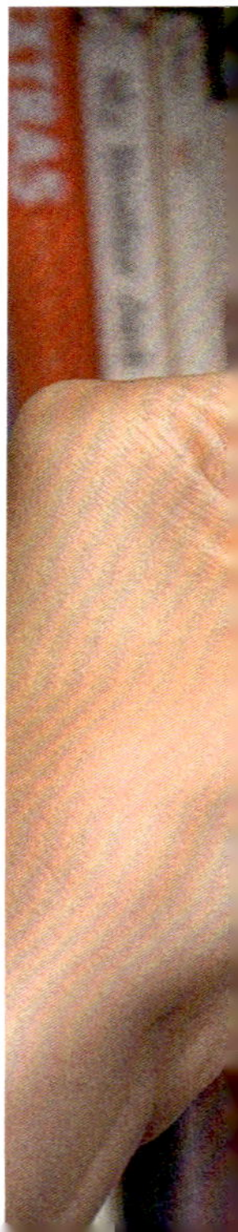

Unser Paris.
Den Horizont erweitern

Den besonderen Charakter verdankt Paris auch seiner kulturellen Vielfalt. Man muss sich nur mit etwas auseinandersetzen, um die Kunst, das Theater, die Literatur, die Poesie und die Fotografie zu erfassen… Natürlich gibt es den Louvre und Beaubourg mit seinem Centre Pompidou, das Théâtre du Châtelet und die Fondation Louis Vuitton. Doch gibt es auch Geheimtipps im Pariser Kulturleben und wir möchten Ihnen helfen, sie zu entdecken. Ein Paris, das auch jenseits der Périphérique pulsiert.

I. *Le Bal:* Fotoausstellungen, Dokumentationen, Videos
6, Impasse de la Défense, 75018

II. *Le 104:* Ein lebendiges Zentrum für zeitgenössische Kunst
104, Rue d'Aubervilliers, 75019

III. *La Fondation Henri Cartier Bresson:* Das Mekka der Fotografie
79, Rue des Archives, 75003

IV. *La Bibliothèque de l'Université Paris 8:* Frankreichs größte Universitätsbibliothek
2, Rue de la Liberté, 93526 Saint-Denis

V. *Le Mac Val:* Museum für zeitgenössische Kunst
Place de la Libération, 94400 Vitry-sur-Seine

VI. *Le théâtre Gérard Philipe,* 59, Boulevard Jules Guesdes, 93200 Saint-Denis

VII. *Le théâtre des Quartiers d'Ivry,* Manufacture des Œillets (altes Fabrikgebäude) 1, Place Pierre Grosnat, 94200 Ivry

VIII. *Le 116,* Zentrum für zeitgenössische Kunst 116, Rue de Paris, 93100 Montreuil

IX. *Mains d'œuvres,* Zentrum für zeitgenössisches Kunstschaffen 1, Rue Charles Garnier, 93400 Saint-Ouen

X. *Les laboratoires d'Aubervilliers,* Zentrum für künstlerische Experimente 41, Rue Lécuyer, 93300 Aubervilliers

In Ménilmontant *mit* **Crystal Murray**

Eine Bomberjacke
Marvin Gaye
Kaubonbons von Régal'ad
Le Silencio

Sieht man einmal von ihrem klangvollen Lachen und ihrer Art ab, in Chucks herumzuschlurfen, wirkt Crystal nicht unbedingt wie 14. Ihre Selbstsicherheit, die Nonchalance, mit der sie für Fotos posiert und der gelassene Blick in die Kamera lassen sie wesentlich erwachsener wirken. Crystal wohnt in Belleville, aber neben dem modernen Gebäudeensemble der Rue Max Ernst und gegenüber dem Square des Almandiers, in einer trendigeren Gegend, als man sie an der nahen Rue de Ménilmontant findet. Zusammen mit ihrer Familie lebt Crystal seit ihrer Kindheit hier. »Es ist super zentral, man kann zu Fuß zur Place de la République gehen.« Ihre besondere Ausdrucksweise rührt von ihrem amerikanischen Vater her. Es ist ein *franglais* voller sprachlicher Ticks, mit Floskeln wie *don't ask* oder *so strange* oder auch mit Ausdrücken der Jugendsprache wie *chais ap* (phonetisch verkürztes »je ne sais pas«, mit verdrehten Buchstaben pas > ap) oder »archinormales« (stinknormal).

Crystal ist Inbegriff des Pariser Stadtmythos: Die des jungen Mädchens, das in der Hauptstadt aufgewachsen ist. Eine junge sensible Heldin, die von den umschwärmtesten Schauspielerinnen ins Kino transponiert wurde, wie etwa von Sophie Marceau, die bereits als Teenagerin in *La Boum – Die Fete* zur Filmikone aufgestiegen war. Allerdings ist Crystal die aktuelle Version dieser Heldin, die des 21. Jahrhunderts. Zusammen mit vier Freundinnen, alle zwischen 15 und 16 Jahre alt, herrscht sie über den Pariser Osten und sämtliche Modesoirées der Hauptstadt. Ihre Clique, die sich »Gucci Gang« nennt (aus Gründen, die nichts mit der italienischen Luxusmarke zu tun haben), erinnert an Mädchenbanden aus französischen Kultfilmen wie *Die kleinen Pariserinnen* (Originaltitel: Diabolo Menthe) von Diane Kurys und *Mädchenbande* (Originaltitel: Bande de filles) von Céline Sciamma. »Ich weiß gar nicht wieso, aber wir sind irgendwie berühmt, in *Public* gibt es Artikel über uns, und sogar auch in Deutschland. Wir sind einfach ganz normale Freundinnen, alle verschieden, aber uns gefallen dieselben Sachen, vor allem Bohème-Klamotten und Reisen.« Ganz normal, aber gleichzeitig auch Pariserinnen mit Haut und Haar. Ihr modisches Gespür, die frische, freche Art, in der sie sich über Konventionen hinwegsetzen und ihre Kombinationen aus Abendmode und Streetwear ließ sie zu einer neuen Generation Pariser Designerinnen werden. Ihre Schlagwörter: Pigalle (das Modelabel, nicht das Pariser Viertel), Schule, Klamotten.

Bevor wir nach einem geeigneten Ort für ein Interview mit Crystal suchen, schauen wir bei ihren Eltern vorbei und sehen uns ihr Zimmer an: Auf dem Fußboden ein buntes Sammelsurium an Kleidungsstücken, auf dem Plattenspieler eine alte Vinylscheibe von Marvin Gaye, auf dem Bett liegt aufgeschlagen der Roman *Bye bye Blondie* von Virginie Despentes. Wir beschließen, uns an einen Tisch eines Cafés in ihrem Viertel zu setzen. Crystal bestellt sich Tee und legt vor sich auf das Tischchen ein Samsung-Handy, mit dem man nicht ins Internet kommt. Wir wundern uns, weil wir erstens davon ausgehen, dass die junge Generation noch viel öfter und länger im Internet surft als unsereins, und wir zweitens Crystal über Instagram gefunden haben. Doch Crystal ist eben so. Überraschend und voller Widersprüche, und damit eben genau so, wie eine junge Pariserin sein sollte. Mit einem kleinen Lächeln erinnert sie sich an ihre gar nicht so ferne Kindheit. Es war, sagt sie, eine »perfekte Kindheit«, eine

CROISSANTERIE-SANDWICHERIE
PAIN CHAUD
SANDWICHS VARIÉS
À TOUTE HEURE
BOISSONS FRAICHES
CHOIX VARIÉS
JAMBON-BEURRE
THON-CRUDITÉS
DINDE-CRUDITÉS
MIXTE
PANINI CHAU
PIZZ
Chèque Déjeuner
CHEQUE de TABLE
Ticket
E BRANCHÉ
450 ADRESSES
Paris dolce vita
Nouvelle formule chez votre marchand de journaux

behütete und gleichzeitig kosmopolitische Kindheit, mit vielen Reisen, einem Vater, der Musiker ist, einer Mutter, der sie »extrem nahe steht« und drei älteren Brüdern, die sie verwöhnen. Ihre Eltern nahmen sie überall hin mit, nach Mexiko, nach Japan … »Schon mit 11 Jahren war ich richtig frech gekleidet. Das verdankte ich meinem älteren Bruder, der schon 19 war. Ich nahm voll seinen Stil an. Ich trug Bomberjacken. Seine Bomberjacken, übrigens.«

Seit dem Film *La Boum* ist es für pubertierende Pariser praktisch »Pflicht« geworden, die Schule zu schwänzen, um in eine Disco zu gehen. Crystal aber gewöhnte sich an, heimlich Modeevents zu besuchen,

sie schlich sich in den Social Club, ins Le Silencio, ins Carmen, und wundert sich heute noch, dass niemand sie daran hinderte, diese renommierten Nachtlokale zu betreten, »obwohl man doch ziemlich genau sehen kann, wie alt ich bin«. Sie lacht über ihre Kühnheit und erzählt uns, wie sie eines Abends eine Veranstaltung der Marke Pigalle besuchte, kurz nach ihrem Mittelschulabschluss. Wir spüren, dass sie ebenso verwegen und geheimnisvoll wie die anderen Frauen ist, über die wir in diesem Buch berichten. Crystal verwirrt, stiftet Unsicherheit. Kurz schweift sie ab und erzählt von den Problemen, die sie in dem privaten, katholischen Lycée hatte, das sie eine Zeit lang besuchte. Mit einer Schmollmiene kommt sie auf Schwierigkeiten zurück, die sie dort hatte: »Das lief überhaupt nicht gut. Sie wollten, dass ich mir die Haare schneide. Ich bin supertraurig, dass ich den Übertritt in die elfte Klasse nicht geschafft habe. Doch von jetzt an gehe ich auf ein staatliches Lycée, da wird es besser gehen.« In der nächsten Sekunde verkündet sie stolz: »Ich fühle mich wohl in meiner Haut, ich mag mich so, wie ich bin. Meiner Ansicht nach ist es das, was eine Pariserin ausmacht. Sie ist eine freie Frau, die macht, was sie will. I don't care.«

Crystal ist eine Existenzbastlerin. Ob es nun an der Generation speziell liegt oder ob es mit einem gewissen Teil der Pariser Jugend zu tun hat, wir stellen fest, dass es keine vorgezeichneten Wege mehr gibt. Crystal experimentiert mit ihrer Identität: »Man muss nicht irgendetwas sein, um das machen zu können, was man will.« Ebenso ihr Stil: »Ich trage jeden Tag dieselbe Jeans, die Levi's 501, manchmal zu einem amerikanischen XXL-Fußballshirt, das ich meinem Vater stibitzt habe, am nächsten Tag mit einem Seidentop, das mir meine Mutter geschenkt hat.« Und ihre kulinarischen Vorlieben: »Mittags kaufe ich mir immer bei

RUE,
RÈVE
VIV
30
en 2015
place Joachim
12h à 16h
16h - Rasse

 Sodebo einen Roma-Salat, manchmal picknicken wir im Bois de Vincennes oder ich gehe mit meiner Mutter in der Rue Chemin Vert ein vietnamesisches Crêpe essen. Oder ich stopfe mich mit Kaubonbons voll.« (Schaumzucker-Bonbons mit Fruchtgeschmack der Marke Régal' ad). »Oft bin ich sehr müde und weil ich mich nie schminke, sieht man mir das auch an. Wenn ich ausgehe, trage ich nur ein bisschen Gloss auf die Augenlider auf. Und wenn ich richtig dicke Augenringe habe, lege ich mir Kamillepads auf die Augen.« Das ist mein Schönheitsritual. Und selbst, wenn von Liebe die Rede ist, möchte sie lieber sterben als zugeben, dass es ihr auf diesem Gebiet an Erfahrung und Reife fehlt. »Die Pariserinnen machen sich viel zu viel Gedanken über die Typen. Ich tu das nicht. Ich bin da ganz anti«, so lautet ihre kategorische Aussage.

Man könnte beinahe Rührung empfinden, wäre Crystal nicht so selbstsicher und geerdet. Wir, die wir unser Leben damit verbringen, auf die angstverbreitende Nachrichten auf unseren Handys zu sehen, Beklommenheit verspüren angesichts der Wechselfälle französischer und internationaler Politik, fragen sie nach ihrer Anschauung, die einer jungen Frau, die zum Zeitpunkt der Attentate vom 13. November 14 Jahre alt war. »Das war entsetzlich, ich wollte mich mit Freunden an der Place de la République treffen, und meine Mutter war in ein Konzert gegangen. Nach den Terroranschlägen habe ich mehrere Wochen die Wohnung nicht mehr verlassen. Ich weiß, dass die Welt schrecklich ist, aber ich habe auch keine Lust, deshalb ständig auszuflippen, immer nur an Trump und an Marine Le Pen zu denken. Ich weiß, dass es scheiße wäre, wenn alles so werden würde, wie sie es sich wünschen. Doch die Pariser Jugend erlebt gerade eine Erneuerung. Sie wird die Welt verändern.« Wir wagen es nicht, ihr zu widersprechen und versuchen nebenbei, ein klein wenig von ihrem erfrischenden Vertrauen in die Zukunft aufzusaugen.

Unser Paris.
Blumen schenken

Eine Pariser Wohnung ohne Vasen voller Blumen wäre ein Ding der Unmöglichkeit. Saisonale Blumen, Lieblingsblumen, Mimosen im Winter, Narzissen und Lilien im Frühling, Glocken- und Sonnenblumen im Sommer, Dahlien im Herbst.

In Paris schickt man einander gern Blumen, ohne besonderen Grund, als Dankeschön oder als Glückwunsch. Jede Pariserin hat ihren speziellen Blumenhändler, der aus ihrem Leben nicht wegzudenken ist.

Unsere Lieblingsfloristen

I. *Arom,*
73, Avenue Ledru-Rollin, 75012

II. *Variations végétales,*
18, Rue du Général Guilhem, 75011

III. *L'artisan fleuriste,*
95, Rue Vieille-du-Temple, 75003

IV. *Les succulents cactus,*
111, Rue de Turenne, 75003

V. *Debeaulieu,*
30, Rue Henry Monnier, 75009

L'école
des femmes
BAIES
BAIES

Havana
Club

In SoPi *mit* Lucie Hautelin

Nuit-Debout-Bewegung
Ein Haarschnitt
Veganismus
Twitter

Ich begeisterte mich für die junge Schauspielerin Lucie, als ich ihr Foto auf Twitter sah. Es war im Frühjahr 2016, und auf der Place de la République versammelten sich Abend für Abend Unmengen von jungen oder weniger jungen Demonstranten, die der Wunsch einte, die Welt zu verändern. Diese Bewegung nannte sich Nuit Debout (»Nachts wach«). Wir gingen öfters hin, um uns vom Wind des Widerstands umwehen zu lassen und uns mit diesen engagierten Parisern zu unterhalten. Sie alle waren Menschen, die manche als Utopisten zu bezeichnen pflegten, die wir aber als Humanisten oder sogar als Visionäre ansahen. Die Place de la République gehört zu den symbolischen Plätzen von Paris: Sie steht für den hohen Stellenwert, den die Politik im Denken der Pariser einnimmt. In den letzten Monaten demonstrierten wir dort mehrmals. Am 11. Januar 2015, nach den Anschlägen auf *Charlie Hébdo*, trauerten dort Millionen von uns um die Toten des 13. Novembers. Auf diesem Platz hoben wir die Faust, um gegen Gewalt gegen Frauen zu protestieren. Und jedes Mal, wenn wir ihn überqueren, hallen in unseren Köpfen die Parolen wider, angefangen beim Dreiklang der Französischen

Revolution, der heute sämtliche Pariser Rathäuser als Inschrift ziert: »Freiheit, Gleichheit, Brüderlichkeit.«

Aus dem Foto von Lucie, das ich eines Abends beim Surfen in einem sozialen Netzwerk entdeckte, sprach all dies. Die Aufnahme zeigte Lucie bei einer Demo gegen eine geplante Veränderung des Arbeitsrechts. Sie hatte sich einen Schal um den Hals gebunden und trug eine Schwimmbrille, die sie vor Tränengas schützen sollte. Ihr Blick verriet ihre Entschlossenheit. Als ich sie auf diesem Bild sah, musste ich sofort an die großen Pariser Revolutionärinnen denken, an Olympe de Gouges und die anderen militanten Frauen der Französischen Revolution, aber auch an Louise Michel, die »Rote Jungfrau« der Pariser Kommune (1870), an die Suffragetten des frühen 20. Jahrhunderts oder an die militanten Aktivistinnen der Frauenbewegung MLF (Mouvement de la Libération des Femmes), die Paris nach dem Mai 1968 in Aufruhr versetzten. Paris ist eine Stadt der Aufstände, des Protests, des gesellschaftlichen Fortschritts. Und all das konnte ich in Lucies Augen sehen.

Wir recherchierten und nahmen Kontakt auf. Lucie wohnt in der Nähe der Avenue Trudaine, unweit von meiner Wohnung. Wir trafen sie an der Ecke ihrer Straße an, als sie sich mit einem jungen Skater unterhielt, der ebenso wie sie dem antispeziesistischen Komitee von Nuit Debout angehört. Lucie ist militante Veganerin. »Die Zusammenhänge zwischen dem Tierleid und der Wirtschaftskrise liegen klar auf der Hand«, ereifert sich Lucie. »Ich konsumiere keinerlei Produkte tierischer Herkunft, weder Leder, noch Pelz, noch Wolle, noch an Tieren getestete Kosmetikprodukte. Ich trank noch einige Zeit lang Milch, bis ich eines Tages den Betrieb eines sehr angesehenen Milchproduzenten besuchte. Dort standen die Kühe auf Spaltenböden, man kann unmöglich weiterhin Milchprodukte konsumieren, wenn man so etwas einmal gesehen hat.« Lächelnd erzählt sie uns, dass ihr Viertel für Veganer geradezu perfekt ist. (Und damit hat sie recht. Le Potager de Charlotte ist ein bei Veganern bekannter Laden.) Sie erzählt uns von ihrem letzten Film, einem Kurzfilm der Jungregisseurin Déborah Biton mit dem Titel *Chair Liberté*: Eine Dystopie, in der Menschen als Schlachtvieh dienen.

Lucie spielt nur in »sinnstiftenden« Filmen. »Mit meiner Arbeit als Schauspielerin will ich erreichen, dass die von mir gespielten Figuren die Menschen dazu anregen, die Welt zu verändern.« Ebenso wie viele junge Nachwuchsschauspielerinnen muss auch sie, um die Miete bezahlen zu können, nebenher in der Gastronomie jobben. »Ich gebe nicht viel Geld aus. Ich mache Recycling, kleide mich in der Boutique Solidaire (Secondhand- und Vintageladen im Marais) ein, esse nur Pflanzliches und spare so viel wie möglich, um reisen zu können. Letzten Sommer bin ich mit 500 Euro in der Tasche nach Peru geflogen.« Derzeit jobbt sie in einem Privatclub als Barkeeperin. »Unter der Woche kämpfe ich gegen die Lobbyisten, am Wochenende mixe ich ihnen Mojitos«, erklärt sie mit schelmischer Miene. Wir sitzen an einem Cafétischchen, an dem hübschen Platz an der Ecke Rue Rochechouart/Rue Turgot, im Herzen des 9. Arrondissements, in einer Gegend, in der es an jeder Straßenecke eine Bäckerei-Konditorei gibt. Hierher ziehen viele Familien mit kleinen Kindern, obwohl es nur wenig Grün gibt. »SoPi« ist die Abkürzung für »South Pigalle«, ein Teil von Paris, der ein bisschen was vom New Yorker Viertel Brooklyn hat. Die männliche Bevölkerung trägt Bart, das Fahrrad ist das meistgenutzte Verkehrsmittel und in den meisten Restaurants werden glutenfreie Gerichte angeboten. Lucie bestellt sich einen Tomatensaft, der farblich mit ihrem Kleid harmoniert.

Militant ist sie seit jeher. Bereits auf dem Lycée engagierte sie sich gegen den arbeitsrechtlich umstrittenen Ersteinstellungsvertrag CPE und überhaupt gegen jede Form von Ungerechtigkeit. Der Grund dafür könnte in ihrer Kindheit liegen. Sie wurde gleich nach der Geburt zur Adoption freigegeben, kennt ihre Mutter nicht und wurde in der Adoptivfamilie misshandelt. »Ich musste mir meinen Platz in der Welt erobern, weil mir niemals etwas geschenkt wurde. Mit 21 bin ich mit dem Rucksack und nur in Turnschuhen nach Kanada abgehauen. Diese Reise hat mich stark geprägt, sie wurde zu so etwas wie einer Pilgerschaft, die mir Lust darauf machte, mich der Welt zu öffnen. Danach habe ich eine Weile in London gelebt und gearbeitet. Dort erlebte ich eine Sinnkrise. Mir wurde klar, dass ich in diesem kapitalistischen System nicht leben kann.«

Bücher und Filme erweckten ihr kritisches Bewusstsein, darunter Hannah Arendts Buch *Eichmann in Jerusalem. Ein Bericht von der Banalität des Bösen*, Shaun Monsons Dokumentarfilm *Earthlings*, Marc de la Ménardières und Nathanaël Costes Film *En quête de sens* (»Auf der Suche nach Sinn«), natürlich Simone de Beauvoirs Werk *Das andere Geschlecht*, aber auch Coline Serreaus *Der grüne Planet – Besuch aus dem All*.

Damals hatte sie noch überhaupt nicht vor, in Paris zu leben. »Jedes Mal, wenn ich herkam, wurde ich beschimpft und mehrmals in der Metro angerempelt. Heute empfinde ich mich mehr als Pariserin denn als Provinzlerin, ich fühle mich hier wie ein Fisch im Wasser. Auf intellektueller und kultureller Ebene geht hier alles viel schneller.«

An einem Aprilabend wurde sie auf der Place de la République von einer Gummigeschoss-Granate getroffen. »Die Polizisten entmenschlichen die Demonstranten«, erklärt Lucie wütend. »Unterdrückungsmaßnahmen sind meiner Ansicht nach weniger legitim als die Protestgewalt. An diesem Abend lernte ich den Mann kennen, den ich liebe, einen Journalisten, der für alternative Medien arbeitet. Er hat meine Wunde versorgt. Ich trug meinen Helm, meine Schutzbrille und mein Protestschild. Trotz meines Demo-Outfits war es sehr romantisch.« Sie erzählt uns von der Begeisterung, die sie jeden Abend empfand, wenn sie auf der Place de la République die anderen Demonstranten von Nuit Debout wiedersah. »Ich liebe dieses Gefühl, aktiv am Lauf der Geschichte mitzuwirken, und dass alle vergangenen Demonstrationen diesem Ort eingeprägt sind. Ich ging jeden Abend hin und fühlte mich dort unsagbar lebendig, auch wenn ich dort oft weinen musste. Ich hielt dort eine antispeziesistische Rede vor der Hauptversammlung, die in allen sozialen Netzwerken wiedergegeben wurde. Für uns war das ein Lernkatalysator, um uns zu politisieren, militant zu werden, ein Netzwerk aufzubauen, uns zu organisieren. Wir sind gerade an einen Kipppunkt, stoßen an Grenzen von etwas.« Und dieses Etwas ist in Paris geboren. Hätte es auch irgendwo anders entstehen können? Lucie lächelt und seufzt. »Ich kann nicht mehr objektiv sein, ich bin dieser Stadt verfallen. Diese Adoption ist gut verlaufen.«

Unser Paris.
Sich politisieren

In der Zeit, in der dieses Buch entstand, fehlte es in Paris nicht an Möglichkeiten, zu demonstrieren. Eines der Ereignisse, die wohl in den meisten Parisern den Wunsch erweckten, auf die Straße zu gehen und zu demonstrieren, war die Wahl von Donald Trump. Warum? Weil der neue US-Präsident trotz seiner Angriffe auf Frauenrechte gewählt wurde. Gleichzeitig fanden in Paris zahlreiche Demonstrationen gegen das Abtreibungsrecht statt. Französische Präsidentschaftskandidaten hielten sehr beunruhigende Reden, was Frauenrechte anbelangt. Und am 21. Januar setzte sich am Trocadéro ein Marsch von Tausenden von Pariser Frauen in Bewegung, eine Erklärung von Solidarität mit dem gleichzeitig in Washington stattfindenden Women's March. Was kann man lesen oder anschauen, um seinen Diskurs zu schärfen und sich für Frauenrechte einzusetzen?

We should all be feminist, Chimamanda Ngozi Adichie
Ein Zimmer für sich allein, Virginia Woolf
La Cause des femmes, Gisèle Halimi
Beauté fatale, Mona Chollet
Das andere Geschlecht, Simone de Beauvoir
Women, Race & Class, Angela Davis
Ain't I a Woman?, bell hooks
La Sexuation du monde, Geneviève Fraisse
Die Verschwörung der Balkis, Monique Wittig

Feministische Newsletter:
Lenny
Les Glorieuses
Quoi de meuf ?

Filme:
Mustang von Deniz Gamze Ergüven
Divines von Houda Benyamina
La Belle Saison – Eine Sommerliebe von Catherine Corsini
Tomboy von Céline Sciamma

Podcasts:
La Poudre
Stuff Mom Never Told you
The Guilty Feminist
Génération XX

Instagram-Accounts zum Thema:
@vscyberh
@payetashnek
@lallab
@causettelemag
@klairette

TODAS
UNIDAS

TODAS
UNIDAS
PAZ,
IGUALDAD

Auf einem Hausboot in Neuilly mit **Anna Reinhardt**

Ein Cape
Ein Hausboot
Eine Gitarre
Schwimmkurse

Anna empfängt uns auf ihrer Péniche, die am Seine-Quai in Neuilly vertäut ist. Es ist keine Laune der Bourgeoisie, die die Straßen des 9. Arrondissements satthat und auf der Suche nach Einfallsreichtum ist. Anna ist auf diesem Hausboot auf einen Nebenarm der Seine aufgewachsen und nach mehreren Abenteuerjahren will sie sich nun gerade neu binden.

Anna ist Journalistin und Musikerin. Mit HoTel komponiert und interpretiert sie im Duo mit Victor Le Dauphin Balladen, die mal poppig, mal mystisch klingen, und schreibt die Texte dazu. »Wir haben uns für diesen Namen entschieden, weil in einem Hotel alles Mögliche passieren kann, man kann dort lachen, weinen, sich verloren fühlen, lieben, träumen, tanzen, schlafen, allein oder zu zweit …« Anna zeigt die sehr pariserische Neigung, alles zu intellektualisieren. Sie erinnert uns an das verkopfte Paris der Siebziger, als der Wind der Revolution durch die Hauptstadt wehte und Denker, Forscher, Künstler und Aktivisten die Cafés bevölkerten, eifrig darum bemüht, redend die Welt zu verändern.

Es ist mitten im Winter. Die Bäume an den Seineufern sind nackt, der Fluss schimmert grau. Auf der anderen Seite des Flusses ragen die

Wolkenkratzer des Viertels La Défense in den Himmel, der Tour France mit seinen 40 Stockwerken scheint ihn zu berühren. Anna lädt uns ein, auf ihre alte, blau angestrichene Péniche zu kommen, die etwas knarzt und wackelt. Das Hausboot schaukelt leicht, doch wir staunen über die Ruhe, die auf ihm herrscht. Und irgendwie ist es hier auch sehr poetisch. Anna spielt uns eines ihrer Lieder vor, es heißt *Ma Rivière* (»Mein Fluss«). »Es ist eine Hommage an diesen Ort meiner Kindheit, ich habe es nach dem Tod meiner Eltern geschrieben«, erzählt sie uns. »In den trübsten Momenten meines Lebens gehe ich hinunter zur Seine, oft sogar, ohne mir dessen bewusst zu sein. Das Meer bringt alles wieder, der Fluss wäscht alles weg.«

In ein Cape aus schwarzer Wolle von Yves Saint Laurent eingekuschelt, das ihrer Mutter gehörte, vertraut Anna uns an: »Auf dem Weg zur Schule habe ich mich immer in diesem Cape versteckt.« Diese Erinnerung passt zu ihr, denn aus ihr sprechen Kreativität, Eleganz und die Neigung zum Geheimnisvollen. Sie passt auch gut zu Paris. »Mein Vater arbeitete an der Universität und kannte jeden Winkel von Paris, er hatte zusammen mit Jacques Brel und dessen Clique in sämtlichen Bars herumgesessen. Meine Mutter war Professorin für Französisch und an der Universität Paris-Süd, auch Paris 11 genannt, angestellt. Ich kann mich noch gut an die ausgelassene Freude erinnern, als François Mitterand zum Präsidenten gewählt wurde. Wir waren die einzige linke Familie in ganz Neuilly! Doch als ich bei mir eine Fete veranstaltete, vereinte ich die unterschiedlichsten Leute bei mir zu Hause!«

Von ihren Eltern hat sie die unstillbare Neugier auf die Kulturen der Welt geerbt, aber auch die Liebe zur Musik. Als Paar verkörperten die beiden so etwas wie die Quintessenz Pariser Intellektualität. »Ich bewundere sie unheimlich. Durch bewusste Rückschau lernte ich sie zu lieben, und auch jeden anderen Menschen. Ich weiß, woher ich komme, und das macht mein Erbe aus.« Anna hätte ein bequemes Leben als Journalistin führen können, denn sie arbeitete bei einer der angesehensten Nachrichtensendungen des Landes mit, beschloss dann aber, sich der Musik zu widmen, selbst wenn dies Opfer forderte. Ebenso wie ihre Eltern führt sie ihre Entschlüsse mit aller Konsequenz durch.

Nach dem Mai 1968 nutzten zahlreiche Pariser die Flussschifffahrtskrise und erwarben in den Niederlanden günstig Kähne, die sie dann an den Quais des 16. Arrondissements und Neuillys vertäuten und zu Hausbooten umbauten. Auch Annas Eltern folgten diesem Trend. »Ihre Péniche war ein Zufluchtsort. Immer wohnte irgendein Exilargentinier oder japanischer Geiger bei uns, Wissenschaftler und Künstler, eine Gemeinschaft, die an humanistische Werte glaubte. Die Tür war nie verschlossen. Das war der Lebensstil der Pénichards!«

Ein sehr freies Leben ohne Zwänge, eine Einstellung, die auch heute noch Annas Liebesleben prägt. Sie heiratete vor ein paar Jahren, nach der Geburt ihrer beiden Kinder. »Es war ein sehr schönes Fest, wir haben in Südfrankreich gefeiert, im Haus meiner Großmutter.« Zwei Jahre später lässt sie sich scheiden. »Ohne Reue«, bekräftigt sie. Heute lebt sie mit einem jüngeren Mann zusammen, den sie bei einem Konzert der Rolling Stones auf Mogador kennenlernte, und mit dem gemeinsam sie heute das Pariser Duo HoTel bildet. »Ich schenkte ihm eine Gitarre, er gab mir Stunden. Irgendwann merkten wir, dass wir zusammen Chansons schreiben sollten. Ich erwarte von meinem Partner nicht mehr, dass er meine sexuellen Probleme

löst. Heute lebe ich in der reifsten Beziehung, die ich je zu einem Mann hatte.« Und wieder diese sympathische Manie, alles zu intellektualisieren.

Die Renovierung des Hausboots ist in vollem Gange. In ein paar Monaten wird Anna hier wieder einziehen, zusammen mit ihrem Freund und den beiden, sechseinhalb und acht Jahre alten Kindern, die gerade aus Sicherheitsgründen einen dreimonatigen Schwimmkurs absolviert haben. Das Wohnzimmer wird vergrößert, die Küche neu gemacht. Die Restaurierung einer Péniche ist ein seltsames Unterfangen. Bevor mit dem Innenausbau begonnen werden konnte, musste das Boot in eine Werft, um den Rumpf zu sanieren und es wieder flott zu machen. »Die Arbeiter hatten alle meinen Vater gekannt und behandelten mich wie eine richtige Pénicharde. Ich hatte das Gefühl, irgendwie dazuzugehören.« Das Leben an Bord hat auch Nachteile: Man muss immer wieder das Deck reinigen. Andererseits herrscht hier auf dem Wasser eine ganz besondere Ruhe im Gegensatz zu dem regen Autoverkehr entlang der Quais. »Ich könnte nicht mitten in Paris auf einem Hausboot leben«, findet Anna. »Da gibt es ständig Schaulustige, und das Licht der Bateaux-Mouches (Ausflugsschiffe) blendet.«

Im Eingangsbereich steht der leicht verstaubte Flügel von Annas Pate, der ein berühmter Musiker war. Anna setzt sich daran und spielt ein paar Akkorde. In ihrem Cape erinnert sie uns an das bohèmehafte Paris der Hippiezeit, das offenbar doch noch nicht untergegangen ist.

Unser Paris.
Die Sommeruniform

Ein geblümtes Kleid, Sandaletten und eine Korbtasche

In Saint-Germain-des-Prés mit **Zoé Le Ber**

Ein Perserteppich
Eine Rüschenbluse
Ein Hüfttuch
Ein café noir *(schwarzer Kaffee in kleiner Tasse)*

Wir befinden uns unweit der Fakultät für Politikwissenschaften und des Boulevard Saint-Germain. In diesem Viertel von Paris beeindruckt einfach alles. Die etwas ernste Miene der Studenten, die auf dem Gehsteig rauchen, die weißen Simse der stattlichen Gebäude mit den weitläufigen gepflasterten Höfen. Um zu Zoé zu gelangen, müssen wir einen dieser Höfe durchqueren, in denen man meint, immer noch das Hufgetrappel aus vergangenen Zeiten zu hören. Sodann gehen wir eine Freitreppe hinauf, drücken eine hohe Glastür auf und überwinden über ein imposantes steinernes Treppenhaus mit rotem Teppich und unter dem dezenten Licht der schmiedeeisernen Laternen, die schon seit Jahrhunderten die Wände zu zieren scheinen, weitere zwei Etagen.

Mit dem Übertreten von Zoés Schwelle verlassen wir das alte herrschaftliche Paris und betreten das Reich einer Weltenbummlerin. Auf dem Sims eines riesigen Buchregals, wo Werke von Emily Brontë und Gabriel García Márquez nebeneinander stehen, liegen schöne Meeresmuscheln. Ein Perserteppich, marokkanische Sitzkissen und afrikanische Stoffe: Zoé ist eine große Globetrotterin. Als Fotografin und

Videoproduzentin durchstreift sie die Welt, um fesselnde, ungewöhnliche, mitunter verstörende Bilder mitzubringen. Ihre Videos finden bei den großen Modemarken, für die sie regelmäßig Werbefilme dreht, ebenso Anklang wie bei den Musikern, für die sie Videoclips macht, aber auch bei Informationsnetzwerken wie Vice, das ihren jüngsten Dokumentarfilm zeigte: Ein ergreifender Film, für den sie mehrere Monate auf der griechischen Insel Kos unter Kriegsflüchtlingen aus Afghanistan zubrachte, die über die Balkanroute nach Europa gelangen wollten.

Zoés Begeisterung für andere Länder entspringt ihrer Kindheit. »Meine Eltern sind gebürtige Pariser, doch ich habe russische, italienische und englische Wurzeln. Beide Eltern wollten raus aus Paris. Ich war da noch sehr klein. Ich bin auf der Île de Porquerolles vor Hyères aufgewachsen, in der Bretagne und in Marseille. Das Meer war nie weit. Wenn man als Kind das Meer als Horizont hat, wird man dem Unendlichen gegenüber aufgeschlossener. Grenzen existieren für mich nicht.« Ihre kühle Schönheit und ihr blondes Haar werden durch ihren mutigen Stil noch stärker betont. An diesem Tag trägt sie eine fuchsiafarbene Rüschenbluse und eine braune Hose. Wenn man ihre Instagram-Bilder durchsieht, merkt man sofort, dass ihr Styling nichts vom Pariser Klischee hat. Sie zeigt sich in einer Plüschjacke mit Leopardenmuster oder auch mit trendigem Tuch-Turban. »Ich wähle die Themen meiner Filme so aus, dass ich weit verreisen kann. Ich suche unentwegt das Anderswo. Mich dorthin zu begeben, fördert meine Kreativität.«

Über ihre Kindheit und ihre Ausbildung mag sie uns nicht viel erzählen. Wir merken, dass es da Geheimnisse gibt, vielleicht sogar alte Wunden. Wir erfahren nur, dass sie mit beiden Eltern die ganze Welt bereist hat, dass sie nach einem Studium der Rechts- und Politikwissenschaften in mehreren Filmen als Schauspielerin mitwirkte, bevor sie sich dem Filmemachen zuwandte. »Ich brachte mir das Metier selbst bei, indem ich bei Dreharbeiten zuschaute und viel Fachliteratur las, wie z.B. John Trubys *The Anatomy of Story* – 22 Schritte, wie man ein Meister des Storytellings wird.« In ihrer offenen Küche bereitet Zoé für uns Grünen

Tee zu. Sie zaubert auch gern einfache Gerichte für ihren Freundeskreis aus der Filmbranche. Was sie uns heute vermitteln will, ist diese Vorliebe für das Anderswo. »Ich komme gerade von einem Roadtrip durch Marokko zurück. Ich bin einfach nur so aus Spaß die Straße von Marrakesch nach Zagora entlanggefahren.« Sie erzählt uns vom Wadi Draa, von Taroudant, von Essaouira, von der Schönheit der Landschaften, von Sonnenuntergängen über der Wüste.

Zoé reist am liebsten allein. »Ich vertiefe mich in das Land, das ich bereise, ich ziehe mich so an wie die dort lebenden Menschen, verirre mich in den schmalen Gassen, unterhalte mich in den Cafés mit den Locals, frage sie nach ihren Lieblingsorten und befolge ihre Tipps. Ich fahre mit einem fast leeren Koffer los und kaufe mir Stoffe auf den Märkten. Ich drapiere mir gern ein Hüfttuch, binde mir Schals um den Kopf. Ich bin wie ein Chamäleon, das ist meine Geisteshaltung.« Die gleiche Lebensphilosophie war präsent, als sie durch Island reiste (»Ich kam mir vor wie auf einem anderen Planeten«), in Ghana (»Afrika erinnert mich an meine Kindheit und an die Reisen nach Kenia und auf die Insel Lamu, auf der ich oft mit meinem Vater war«), oder auf Madagaskar (»eine einmonatige, unglaublich intensive Reise, in der ich von der Außenwelt abgeschnitten war«). Wenn sie nach Paris zurückkehrt, bringt sie jedes Mal Unmengen von Bildern, Stoffen und Objekten mit, die sie in ihrer ganzen Wohnung ausbreitet.

Ebenso wie viele andere Pariser kritisiert auch Zoé den heimischen Mikrokosmos. »Paris fasziniert mich, hier kritisiert es sich leicht und man schottet sich oft ab.« Ein paar Minuten später gibt sie lächelnd zu: »Wenn ich von einer Reise zurückkehre, freue ich mich am meisten darüber, mein kleines Café wiederzusehen. Ich liebe es, am Bartresen des Comptoir Saints-Pères einen *café serré* zu trinken, ein Schlückchen Kaffee aus einer winzigen Tasse. Dabei lausche ich heimlich Gesprächen. Paris ist die einzige Stadt, deren Bewohner sich verhalten, als wären sie Durchreisende.«

Unser Paris.
Die Winteruniform

Ein Herrensakko oder ein Blouson, ein Kaschmirpulli, eine gerade Jeans und Boots.

GUCCI

Rue du Bac
mit **Françoise Golovanoff**

Eine Hermès-Handtasche
Heinrich IV.
Brigitte Bardot
godasses *(ugs. Schuhe, »Treter«)*

Als wir mit unserer Recherche für das Buch begannen, fanden wir beide, dass wir unbedingt diese weißhaarige Dame mit königlicher Haltung, der wir täglich auf der Straße begegnen, in unsere Porträtgalerie mit aufnehmen sollten. Diese Großmutter mit Perlenkette, die wie aus einer Zeichnung von Sempé entsprungen scheint und die man für gewöhnlich auch auf einer Parkbank sitzend im Jardin de Luxembourg antreffen könnte, während sie ihren Foxterrier im Auge behält und gleichzeitig einen leicht subversiven politischen Essay liest.

Unsere Recherche war so präzise eingegrenzt, dass es uns fast unmöglich schien, fündig zu werden; bis Jeanne dann eines Tages bei ihrem Streifzug durch Instagram auf den himmelblau strahlenden Blick von Françoise stieß. Ebenso umwerfend schön wie ihre Tochter Alexandra Golovanoff und eine weitere Französin mit emblematischem Charakter! Sie war die allerletzte Frau, die wir für dieses Buch getroffen haben, beinahe ein Jahr nach dem Startschuss für unsere große Erkundungstour.

Als wir ihre Wohnung im 7. Arrondissement, in der Nähe der Rue du Bac betreten, sind wir ziemlich beeindruckt. Das Interieur ist angefüllt mit wertvollen Objekten und neoklassizistischem Mobiliar. Es riecht nach Wachspolitur. Nicht weiter erstaunlich, denn Françoise und ihr Mann André sind Antiquitätenhändler. Das unweit ihrer Wohnung gelegene Geschäft, das sie seit Jahren führen, besetzt eine sehr pariserisch geprägte Nische und ist bei all jenen bekannt, die auf der Suche nach geschichtsträchtigen Objekten begeistert auf Trödelmärkten stöbern. In der Rue de Beaune stößt man auf zig Antiquitätenläden, in denen es zum guten Ton gehört, einen Kronleuchter, einen Teppich, ein Möbelstück oder ein Gemälde auszusuchen, mit denen Superreiche ihrem Interieur eine sehr pariserische Note verleihen. André, ein pensionierter Physiker, lässt während der gesamten Interviews seine Frau nicht aus den Augen, hält sich aber diskret im Hintergrund.

»Ich wurde zu Kriegszeiten in Pau geboren, die am Fuße der Pyrenäen gelegene Geburtsstadt Heinrichs IV. Meine Familie lebte eigentlich in Paris, war aber unter der deutschen Besetzung im Zweiten Weltkrieg aus der Hauptstadt geflohen. Nach dem Krieg kehrten wir wieder zurück und ich habe noch Fotos, auf denen ich im Alter von einem Jahr am Trocadéro laufen lerne.« Da haben wir also eine waschechte Pariserin! Françoise trägt die Stadt schon so lange in sich, dass sich schon allein ihr Lebensparcours wie eine Geschichte der Hauptstadt anhört. Das Paris, in dem sie aufwuchs, ist das des weitläufigen 16. Arrondissements, das sich vom Eiffelturm bis zum Bois de Boulogne erstreckt und in dem die wohlhabendsten Familien der Stadt wohnen. Erst vor etwa 15 Jahren ist sie von dort weggezogen. »Früher war es dort viel gemischter. In ein und demselben Haus wohnten Familien aus allen Gesellschaftsschichten. Heute trifft man dort nur noch dynamische Führungskräfte an«, sagt sie lächelnd. »Ich habe dort sehr gern meine drei Töchter großgezogen. Wir wohnten in der Nähe der Metrostation Ranelagh. Sie gingen in die Schule in der Rue de la Pompe und am Wochenende machten wir Ausflüge in den Bois de Boulogne. Ich nahm jeden Tag den Bus 63, um zu unserem nahegelegenen Geschäft in der Rue de Beaune zu fahren. Vom Gare d'Austerlitz bis zur Station La Muette ist es dann doch ganz schön weit zu laufen! Eine Zeit lang haben

wir in Moskau gelebt. Aber nur Paris schafft es, mich noch zu überraschen. Ich erfreue mich an allem, selbst an der Hektik. Ich kann es nicht verstehen, wenn sich jemand beklagt.« Françoise geht gern spazieren, führt ihren Hund in den Tuilerien aus und läuft zu Fuß bis zum Lifestyle-Kaufhaus Bazar de l'Hôtel de Ville in der Rue de Rivoli am anderen Seineufer. »Der Weg dorthin ist herrlich.« »Ich bin auch gern gegen 9 Uhr morgens im Sentier (Viertel

im 2. Arrondissement). Hier in Paris ist es so abwechslungsreich! Ich könnte mir gar nicht vorstellen, woanders zu leben. Auch wenn ich nicht das ganze Angebot nutze, so macht mich doch allein schon die Tatsache glücklich, dass ich es tun könnte.«

»Ich ging nicht viel in Discos. Ich interessierte mich mehr für Mode, wie etwa die von Publicis Drugstore in den Champs-Élysees, wo ich nachmittags immer auf ein Glas Sprudel einkehrte. Und für die Partys!« Als wir sie fragen, welchen Kleidungsstil sie damals bevorzugte, wendet sie sich an André. »Der Stil von Brigitte Bardot«, erwidert er unumwunden und bestimmt. Sie zuckt mit den Schultern, scheint nicht ganz seiner Meinung zu sein. Zwar gibt sie zu, dass sie einen ähnlichen Glamour-Dutt wie BB hatte, ihre Vorbilder aber seien eher die

amerikanischen Schönheiten Ava Gardner und Olivia de Havilland gewesen. »Ich studierte an der Philosophischen Fakultät der Sorbonne«, erklärt sie. »Die jungen Frauen waren damals sehr mondän. Wir trugen zur Vorlesung Handschuhe, Pumps und Seidenhalstücher.«

Und dann sagt Françoise einen Satz, den man nur in Paris zu hören bekommt: »Ich interessiere mich für Klamotten, aber nicht wirklich für Mode.« Wir bitten sie, das näher zu erläutern, und erfahren, dass sie nie gezielt shoppen geht. Ihr Ankleidezimmer ist voller Sachen, die sie auf ihren Spaziergängen einkauft, wenn sie einen *coup de coeur* hat, also spontan etwas findet, das sie einfach haben muss, sei es beim Schaufensterbummel oder in Outlet-Stores. »In der Nähe unseres Landhauses im Berry gibt es eine Solidarboutique, wo ich fantastische Stücke für wenig Geld aufgabele. Die Jacke, die ich gerade trage, habe ich vor 15 Jahren dort gekauft. Sie hatte überall Mottenfraß, aber ich hab sie geflickt.« Françoise kann nähen, »aber nicht zuschneiden«, gesteht sie. Sie stickt und strickt (ihre Tochter Alexandra vertraut uns an, dass sie ohne das Expertenauge ihrer Mutter niemals ihre Kaschmirpulli-Linie lanciert hätte), nennt sich selbst aber bescheiden eine »Tüftlerin«. Wenn Françoise von ihrem »Landhaus« spricht, meint sie den Zweitwohnsitz des Ehepaares, zu dem sie jedes Wochenende immer mit dem Auto fährt, weil ihr Hund Zugfahrten hasst. »Wenn man so um die 45 oder 50 ist, bekommt man plötzlich Lust auf den eigenen Garten, warten Sie nur ab!«, neckt sie uns. Françoise sagt *godasses* (ugs. Schuhe) und dieser saloppe Ausdruck aus ihrem dezent perlmuttrosa geschminkten Munde klingt bei ihr einmalig *chic*.

Heute ist sie die Großmutter von neun Enkeln zwischen vier und 17 Jahren, die sie im Sommer schon mal alle zusammen zu sich aufs Land einlädt. Dann fährt sie sie zum Tennisspielen und veranstaltet Mal- oder Backworkshops. »Beim ersten Enkel habe ich mich komisch gefühlt. Es war ein Baby, aber nicht meins. Mit der Zeit habe ich mich daran gewöhnt. Wir lachen viel zusammen.«

Unser Paris.
Diner im Restaurant

Eine Auswahl von Restaurants, in die Jeanne, immerhin Tochter renommierter Gastronomen, gern geht, weil hier alles stimmt.

I. *Le Servan:*
Hier ist alles gut, angefangen vom Baguette bis hin zum Wein.
32, Rue Saint-Maur, 75011

II. *Le Clown Bar:*
Berühmt für seine Bioweine und Gourmet-Tapas.
114, Rue Amelot, 75011

III. *La pointe du Grouin:* Der einzige Ort in Paris, wo man mit Groin zahlt, der Sonderwährung des Lokals. Hier unbedingt vor dem Essen einen Aperitif bestellen!
8, Rue de Belzunce, 75010

IV. *Le Petit Marché:*
Wegen seiner Spezialitäten, Thunfisch in Blätterteig im Sommer und karamellisierte Entenbrust im Winter.
9, Rue Béarn, 75003

V. *Chez Philou,*
Weil es das Restaurant von Jeannes Vater ist und man sie hier antreffen kann.
12, Avenue Richerand, 75010

VI. *Le Comptoir:*
Der fachkundigen Jeanne zufolge das beste Restaurant von Paris.
59, Carrefour de l'Odéon, 75006

In Montmartre *mit* **Lamia Lagha**

Die Nouvelle Vague
Eine rote Hose
Alfred de Musset
Die oberirdische Metro

Lamia lebt seit siebeneinhalb Jahren in Paris. Ihr kleines Appartement befindet sich in einem der Häuser am Butte Montmartre an einer ansteigenden Straße, die für den Film *Die fabelhafte Welt der Amélie* als Kulissen dienten. Hier verkehren täglich Reisebusse mit Touristen, die das nostalgische Paris besichtigen wollen. Lamia ist ganz begeistert von ihrem Viertel. »Ich mag seinen dörflichen Charakter«, sagt sie lächelnd. »Manchmal gehe ich hier nachts allein spazieren. Nach links geht es ins Rotlichtviertel von Pigalle mit seinen Sexshops und dem Strich. Zwei Straßen weiter liegt ein ganz anderes Paris, das der Wohlhabenden, mit Delikatessläden und beheizten Café-Terrassen.«

Lamia ist Stilexpertin. Sie hat für große Pariser Modehäuser wie Jean-Charles de Castelbajac gearbeitet und ist derzeit für die junge Marke Jacquemus tätig, deren Gründer Simon Porte Jacquemus ein sehr enger Freund von Jeanne ist. Jeanne hat sich in den Stil der schmalen, eleganten Lamia verliebt, die ihre Kleidungsstücke mit unglaublicher Eleganz kombiniert. Heute trägt sie von Kopf bis Fuß Rot und wirkt darin wie eine Modeillustration aus den Fünfzigerjahren. Und sie strahlt.

In ihrer Gesellschaft vergessen wir beinahe, dass es draußen nieselt und Paris im typischen Grauschleier der kurzen Februartage versunken ist.

Ebenso wie viele andere, die als Erwachsene nach Paris zogen, hat auch Lamia lange von der Stadt geträumt, bevor sie aufbrach, sie zu erobern. Sie ist in Dortmund geboren, verbrachte aber einen Großteil ihres Lebens in Berlin. Ihre Eltern sind Tunesier. »Ständig bin ich mir vorgekommen, als säße ich zwischen zwei Stühlen. In Tunesien war ich Deutsche und in Deutschland war ich die Tunesierin. Zu Hause war ich von der Kultur meines Heimatlandes umgeben. Mein Vater hat mich immer ermutigt und unterstützt. Er hat mir einen meiner Ansicht nach typisch arabischen Stolz vermittelt. Gleichzeitig aber fühle ich mich sehr deutsch. Berlin ist meine Lieblingsstadt, vor allem im Sommer.« Lamias Faszination für Paris geht auf ihre Kindheit zurück, eine Zeit, in der sie bereits mit dem Mode-Virus angesteckt war. Sie träumte davon, in der Modebranche Karriere zu machen, und schwärmte für den Stil der Fünfzigerjahre. »Ich war süchtig nach der Nouvelle Vague, mit Filmen von Jacques Tati und Jean-Luc Godard, und schwärmte für die französische Frau jener Zeit, über ihre Art, sich zu gleichzeitig schlicht und schick zu kleiden. Auch ihre Ausdrucksweise gefiel mir. Ich fühlte mich angezogen von dieser fiktiven Romantik, die es nur in Paris zu geben schien.« Ihre erste Begegnung mit der Stadt hatte sie auf einer Studienreise, als sie 17 war. Sie erinnert sich an ihren Coup de Foudre, als wäre es gestern gewesen. »Es regnete in Strömen, schlimmer als heute, und dennoch war ich verzaubert. Das Licht, die Architektur der Haussmannschen Gebäude, die französische Sprache, die ich überall hörte. Ich fühlte mich von den Bildern angezogen, von den Klängen, und ich wusste, dass ich eines Tages hier leben würde.«

Nach ihrem Studium an einer Modeschule in Düsseldorf beschloss Lamia, ihren Traum zu verwirklichen. Sie war damals 22 Jahre alt und kannte in Paris niemanden. Doch eine Freundin von ihr war ein Jahr lang Au-pair bei einer Familie im Pariser Osten gewesen und gab Lamia ihre Kontaktdaten. Die erste Zeit wohnte Lamia bei ihnen und passte im Gegenzug auf die Kinder auf. Gleichzeitig suchte sie tapfer nach einer

Ausbildungsstelle und bemühte sich, so schnell wie möglich Französisch zu lernen. Während sie uns das erzählt, zieht Lamia aus dem Regal über dem Sofa eine abgegriffene Taschenbuchausgabe von Alfred de Mussets *On ne badine pas avec l'amour* (»Man spielt nicht mit der Liebe«): Mit diesem Buch lernte sie die Sprache ihrer Wahlheimat.

Ihr Pariser Leben erfuhr eine neue Wendung, als sie einen Job in einer Filiale von American Apparel ergatterte und dadurch ihre

SWEET
VIOLENCE
SANJA
IVEKOVIC

Au-pair-Stellung aufgeben konnte. »Plötzlich war alles anders«, erzählt sie. »Ich war völlig auf mich allein gestellt und wurde auf einmal ständig zu Soirées eingeladen. Innerhalb von wenigen Monaten lernte ich sämtliche Persönlichkeiten der Pariser Modewelt kennen. In dieser Hinsicht ist Paris sehr seltsam. Den einen Tag ist man in einer riesigen Stadt mutterseelenallein, am nächsten hat man das Gefühl, die ganze Welt in den Händen zu halten.« Lamia stürzte sich kopfüber in ihr neues Leben und wurde bald darauf Volontärin beim Modeschöpfer Kris Van Assche.

Ob sie sich inzwischen als richtige Pariserin fühlt, wollen wir wissen. »Auf diese Frage antworte ich immer, dass ich Weltbürgerin bin. Natürlich ist heute Frankreich meine Heimat, aber für eine Muslimin ist das Leben hier kompliziert. Ständig soll ich meine Meinung zu den Attentaten äußern. So als ob ich verpflichtet wäre, zu diesem Thema Stellung zu beziehen, mich zu rechtfertigen. Ich finde das wirklich traurig.« Für sie ist Paris eben auch eine Stadt, in der viel Ungerechtigkeit herrscht. Sie ist schockiert über das Los vieler Migranten, die nur ein paar Meter von hier unter der oberirdischen Metro schlafen, und von dem sozialen Gefälle zwischen Stadtzentrum und Banlieue. »Ich bringe mich sehr stark ein. Ich unterstütze Hilfsorganisationen für Flüchtlinge und Obdachlose, und ich arbeite ehrenamtlich in einem Jugendheim in Seine-Saint-Denis. Ich würde gern noch mehr machen, doch wenn man hier eine Initiative ergreifen will, muss man erst einmal tonnenweise Formulare ausfüllen. Paris ist eben nicht Berlin!« Was die Pariserinnen betrifft, so faszinieren die sie weiterhin: »Sie haben stets diesen melancholischen Blick drauf. Anfangs verstand ich nie, warum mir niemand antwortete, wenn ich irgendwo hereinkam und *bonjour* rief. Ich dachte, die Pariser wären hochnäsig. Inzwischen weiß ich, das ist nur Fassade. Immer, wenn ich in Paris in Schwierigkeiten war, begegnete ich hilfsbereiten Menschen.«

Unser Paris.
Stadtbummel

Zwanzig ungewöhnliche, geheime oder romantische Orte, nach Arrondissements geordnet. Damit Sie in Paris auch wirklich nichts verpassen.

I^e^ *La librairie Galignani,* ein Buchgeschäft mit anspruchsvollem Sortiment; hier riecht es nach Bohnerwachs.
224, Rue de Rivoli

IIe *La Comédie-Française.* An dem kleinen Kassenschalter kann man eine Stunde vor Spielbeginn eine Karte zu 5 € ergattern.
Place Colette

IIIe *Le Centre culturel suédois.* Im Innenhof des schwedischen Kulturzentrums gibt es leckere Lachssandwichs.
11, Rue Payenne

IVe *Le square Barye* an der Spitze der Île Saint-Louis lädt zum Ausruhen im Schatten der Trauerweiden ein.
2, Boulevard Henri IV

V^e^ *La piscine Pontoise.* Allein, weil es Spaß macht, sich in den Kabinen über dem Becken umzuziehen.
19, rue Pontoise

VIe Auf dem *La place Fürstenberg,* sollte man im Frühling die rosa blühenden Paulownien bestaunen und zuschauen, wie bei Einbruch der Dunkelheit die Lichter angehen.

VIIe Ein Besuch des *Musée Rodin* lohnt auch deshalb, weil es so schön ist, auf einer der Parkbänke ein Buch zu lesen.
79, Rue de Varenne

VIIIe Die *Maison Loo* ist wirklich sehenswert: Eine Pagode inmitten der Haussmannschen Gebäude, im frühen 20. Jahrhundert erbaut von einem Kunsthändler, der in China verliebt war.
48, Rue de Courcelles

IXe Im *Musée de la Vie Romantique,* kann man Schmuck der Schriftstellerin George Sand bewundern oder im Garten spazieren gehen.
16, Rue Chaptal

X[e] In der *Passage Brady* sollte man ein Currygericht essen oder sich mit Duftreis und Weihrauch eindecken.
46, Rue du Faubourg-Saint-Denis

XIe Im *Le Perchoir* lässt sich bei einem Glas Wein auf die ganze Stadt schauen.
14, Rue Crespin-du-Gast

XIIe Die *Coulée verte René-Dumont* ist ein 4,5 km langer Parkwanderweg, der an der Passerelle Simone de Beauvoir endet, der neuesten Fußgängerbrücke von Paris.

XIIIe Wenn man im *Quartier de la Butte-aux-Cailles* durch die Rue des Cinq-Diamants bummelt, kommt man sich wie ein einem Provinzstädtchen vor.

XIVe In der Fotogalerie *Camera Obscura* kann man u. a. Fotografien von Sarah Moon, Willy Ronis oder Marc Riboud bewundern.
268, Boulevard Raspail

XVe Bei *Le tennis de la Cavalerie* könnte man im 15. Stock eines Art-déco-Gebäudes mit Blick auf den Eiffelturm ein paar Bälle abschlagen.
6-8, Rue de la Cavalerie

XVIe Im *Jardin du Panthéon bouddhique* des *Musée Guimet* warten in einer Oase der Stille 250 japanische Kunstobjekte auf Besucher.
19, Avenue d'Iéna

XVIIe Der *Marché Poncelet* hat jeden Tag geöffnet und bietet ein irrsinnig vielfältiges Angebot an Delikatessen und Leckerbissen, sei es Charcuterie, Käse oder Gebäck.
Rue Poncelet/Rue Bayen

XVIIIe *La Recyclerie* in einem stillgelegten Bahnhof bietet zwei Brunches nach dem Slow-Food-Prinzip an, einen für Veganer und Vegetarier und einen für Flexitarier. Wer hier genießt, tut es mit gutem Gewissen.
83, Boulevard Ornano

XIXe Auf dem *Butte Bergeyre*, dem kleinsten Hügel der Buttes-Chaumont, kann man durch die Gässchen bummeln; hier befindet sich einer der vier Pariser Weingärten.

XXe Von der *Rue Piat*, und genauer gesagt vom Square de Belleville aus, hat man den schönsten Blick über Paris.

Wir danken …

Amélie, Nathalie, Patricia, Charlotte, Fanny, Sophie, Jesus, Noemi, Valentine, Emily, Dora, Lola, Dorine, Sylvia, Crystal, Lucie, Anna, Zoé, Françoise und Lamia für ihre Bereitschaft, zu den Pariserinnen unseres Buchs zu werden. Wir sind stolz darauf, dass Ihr in unserem Team seid.

Michaëla Thomsen, Alexandre Guirkinger, Soko, Saskia Gruyaert, Marieke Gruyaert, Jessica Piersanti, Jean Picon, Jordan Henrion, Sabina Socol, Octave Marsal, Simon Porte Jacquemus, Balthazar Petrus, Eléonore Toulin, Florence Tétier, Claire Margueritte, Chloé Dupuy, Emanuele Fontanesi, Valentina Moreno und Nino, Alice Aufray und Arthur, Inès Mélia, Agnete Havgaard Christensen, Louise Damas, Lila Cardona, Lola Palmer, Mona Walravens und Pierre-Louis Leclercq für ihre diversen, mit Begeisterung geleisteten Beiträge zu diesem Buch.

Unserer geliebten Lektorin Chloé Deschamps, die uns auf unserem großen Spaziergang durch Paris nie wirklich allein gelassen hat. Matthieu Rocolle für diese Seiten, die zu uns passen. Nina Koltchitskaia dafür, dass sie uns auf unseren Streifzügen mit der Kamera in der Hand gefolgt ist. Jürgen Lehrer für seine wohlmeinenden Ratschläge.

Dem Café Aux Deux Amis, dem Café Flore und dem Hôtel des Saints-Pères, die uns freundlicherweise gestatteten, in ihren Räumlichkeiten zu arbeiten.

Pascale Damas und Brigitte Bastide, unseren Mamas und Lieblingspariserinnen.